# FENG SHUI
## UND DIE
# 5-ELEMENTE-KÜCHE

# FENG SHUI
## UND DIE
## 5-ELEMENTE-KÜCHE

*Dr. med. Ilse-Maria Fahrnow*
*Jürgen Heinrich Fahrnow*
*Günther Sator*

FENG SHUI

## Inhalt

| | | |
|---|---|---|
| **Feng Shui:** | Leben und Wohnen in Harmonie | 8 |
| | Die Bedeutung der Küche | 11 |
| | Die Küche und Qi | 14 |
| | Die optimale Küche | 18 |
| | Der Essplatz | 26 |
| | Hilfsmittel | 28 |
| | In welcher Bagua-Zone liegt Ihre Küche? | 32 |
| **5-Elemente-Küche:** | Tanz des Kosmos – Lebendige Energie | 40 |
| | Yin und Yang in der Nahrung | 41 |
| | Die 5 Elemente im Körper | 48 |
| | Wertvolle Nahrung – Bewusste Zubereitung | 50 |
| | Nahrung als Dank für Ihren Körper | 52 |
| | Die Familie am Esstisch | 56 |
| | Küchentips | 57 |
| | Lebensmitteltabellen | 58 |
| **Rezepte:** | Holzelement | 64 |
| | Feuerelement | 84 |
| | Erdelement | 104 |
| | Metallelement | 124 |
| | Wasserelement | 144 |
| **Anhang:** | Sachregister | 164 |
| | Rezeptregister | 165 |
| | Impressum | 168 |

# Vorwort

Nach der chinesischen Philosophie des Taoismus repräsentieren die 5 Elemente Holz, Feuer, Erde, Metall und Wasser alles, was es in der Natur gibt, von den Jahreszeiten bis zu unseren Lebensmitteln. Und alles ist in Wandlung begriffen. So stärkt ein Element ein anderes oder geht daraus hervor (das Feuer wird z. B. vom Holz genährt). Dieses Grundprinzip ist die Basis der beiden Weisheitslehren Feng Shui und 5-Elemente-Küche.

Mittlerweile erkennen auch wir modernen Menschen im Westen, daß unsere Nahrung letztlich viel mehr ist als reine Kalorien- oder Nährstoffzufuhr. Denn über das Meßbare hinaus steckt in allem, was uns umgibt, etwas Unsichtbares, das alles verbindet: Energie. Über die Nahrung nehmen Sie in erster Linie »Energieschwingungen« auf und erst in zweiter Linie die Inhaltsstoffe. Und auch die Möbel, Farben und Utensilien in der Küche, der Eßtisch bis hin zum Tischschmuck – all das beeinflußt energetisch Ihr Wohlbefinden.

Wie Sie mit einfachen Mitteln Ihre Vitalität steigern, zeigen Ihnen die vielen Tips in diesem Buch. Sorgen Sie zunächst durch die Raumgestaltung nach Feng-Shui-Kriterien für eine heitere, streßfreie und kommunikative Stimmung in der Küche, denn die gute Laune des Kochs überträgt sich auch auf die Nahrung. Wenn dann auch der Eßplatz freundlich und energetisch positiv gestaltet ist, kann jede Mahlzeit zum Fest der Sinne und zum »Heilmittel« werden. Fast nebenbei werden Sie Lebensenergie für sich, Ihre Familie und Ihre Gäste aktivieren. Viel Freude dabei!

*Günther Sator*

# Leben und Wohnen in Harmonie

**Bestimmt haben auch Sie schon erlebt, daß sich in manchen Wohnräumen Ihre Lebensgeister besonders energiegeladen und inspiriert entfalten, während anderswo schon nach kurzer Zeit Ihre »Batterie« verbraucht ist. Woran liegt es nun, daß Sie sich an manchen Plätzen so wohl fühlen und andere Orte als unangenehm oder gar irritierend empfinden?**

## Die Kraft des Wohnens

DER Grund, warum so viele Menschen immer mehr Geld, Energie und auch Zeit für ihren privaten Wohnraum aufwenden, liegt auf der Hand: Sie spüren, wie wichtig ein harmonisches Umfeld für das persönliche Wohlbefinden ist. Sich mit dem Wohnen zu beschäftigen, liegt daher im Trend. Nach Ansicht der Experten ist die »Kraft des Wohnens« zu nutzen das wichtigste brachliegende Potential unserer Zeit. Kein Wunder also, daß immer mehr Menschen als Ausgleich für Streß und zunehmende Arbeitsbelastung den eigenen Lebens(t)raum bewußt zu gestalten beginnen. Wohnen und einrichten kann jedoch nicht nur optische Reize bieten, es ist auch ein durch und durch energetischer Prozeß.

WIE Sie wohnen, ist kein »Zufall«. In der Wahl Ihrer Wohnung und in Ihrer Einrichtung drückt sich Ihre Persönlichkeit und Ihre aktuelle Lebenssituation aus. So sagt beispielsweise die Gestaltung und Anordnung der Küche und des Eßzimmers sehr viel über das Familienleben aus und gibt Hinweise auf Anlagen, Stärken und Schwächen der Bewohner. Ihre Wohnung kann somit sehr viel mehr über Sie offenbaren, als Sie vielleicht für möglich halten. Und andererseits kann eine bewußte Gestaltung der Lebensräume sehr viel Förderliches im Leben bewirken. Wie Sie Küche und Eßplatz optimal gestalten und worauf Sie beim Einrichten, beim Kochen und im täglichen Geschehen in der Küche besonders achtgeben sollten, erfahren Sie auf den folgenden Seiten.

## Wohnen und Lebensgefühl

ES gibt einen tieferen Zusammenhang zwischen Ihrem Wohnumfeld und den vielfältigen, scheinbar zufälligen Alltagserlebnissen, Ihrem Beruf, Ihren zwischenmenschlichen Beziehungen, Ihrer Partnerschaft oder Ihrer Gesundheit. Dabei zählt nicht so sehr, ob jemand besonders »schön« wohnt oder die Räume gar kostspielig eingerichtet sind. Im Gegenteil: Manchmal mag gerade in aufwendig gestalteten Wohnungen so gar kein harmonisches Lebensgefühl entstehen.

*»Panta rhei« – »Alles fließt«, sagen die Griechen: Alles verändert sich.*

## Alles ist Energie

HINTER allem, was uns umgibt, existiert eine verborgene Kraft. Glaubt man alten Überlieferungen, so ist alles in unserem Universum aus einer zwar unsichtbaren, aber alles durchdringenden Lebensenergie erschaffen. Diese Lebensenergie ist überall: in der Landschaft, in Gebäuden und Räumen. Diese Gesamtenergie bestrahlt und beeinflußt das Umfeld und prägt die Menschen. Daher entwickeln sich Menschen in unterschiedlicher Umgebung auch immer anders. Diese unsichtbare Lebensenergie sorgt aber auch dafür, daß sich ständig alles weiterentwickelt und nichts morgen so sein wird, wie es gestern war oder heute ist. Auch wenn die Geschwindigkeit der Veränderung meist zu langsam ist, um sie immer gleich erkennen zu können, so strebt dennoch immer alles nach einer Umwandlung: Keine Beziehung bleibt ständig die alte, jeder Baum, jede Blüte, jeder Raum, jeder Mensch, jedes Schicksal – alles verändert sich. Diese Verwandlung geschieht nach bestimmten Gesetzmäßigkeiten, sie ist im Grunde genommen der ständige Versuch der Natur, sich weiterzuentwickeln. Hier verbirgt sich eine sehr mächtige Chance, denn der Wandlungsprozeß verläuft nach klaren Prinzipien. Wenn Sie diese verstehen und im Alltag richtig anwenden, dann wird Ihr Leben immer harmonischer, denn Sie befinden sich in Einklang mit den Gesetzmäßigkeiten der Natur.

## Mehr Lebensfreude

EIN ausgewogener Lebensstil und eine harmonische, energiereiche Wohnung sind daher der Schlüssel zu einem erfolgreichen und glücklichen Leben. Dann verbinden Sie Innen (Ihr Leben, Ihre Persönlichkeit) mit Außen (Ihrem Umfeld). Feng Shui bringt diese beiden Aspekte in Zusammenhang und verhilft Ihnen zu mehr Verständnis für die Dinge, zeigt Ihnen die Zusammenhänge und hilft bei der Auflösung von Hindernissen. Die Folge: mehr Lebensfreude, bessere Gesundheit, ein erfolgreicheres (Familien-)Leben und viele überraschende und bereichernde Erlebnisse.

*Der natürliche Fluß der Energien zeigt sich z. B. im Wandel der Jahreszeiten.*

# FENG SHUI

## Das Umfeld prägt uns

MITTLERWEILE bestätigt auch die Wissenschaft, daß uns die Umgebung, in der wir leben, beeinflußt: Alles ist Energie, alles schwingt, alles »lebt« – die Beschreibungen sind zwar vielfältig und verschieden, nun können wir aber verstehen, warum wir uns an manchen Plätzen besonders wohl fühlen und an anderen nicht. Oder warum uns manche Menschen guttun, während wir uns in Gegenwart anderer schwach oder gar ausgelaugt fühlen.

DIES hat alles mit Energie zu tun – mit Ihrer eigenen und mit der Energie der »Dinge«, also auch Ihrer Umgebung. Die persönliche Resonanz entscheidet, ob Ihnen ein Raum, ein Möbelstück, eine Farbe, ein Mensch oder eine Sache guttut oder schadet. Nicht nur Landschaften und Plätze haben Energie, alles hat eine Ausstrahlung und somit Einfluß und Wirkung. Auch jede von Menschenhand geschaffene Sache, sei es ein Schrank, ein Bild, Geschirr, Tisch und sogar die eben vom Herd kommende, frisch zubereitete Nahrung, ist letztlich Träger und auch Ausdruck dieser universellen Energie.

## Das Qi

DIE Frage ist nur, welche Eigenschaften dieses »Qi« (auch Chi, der chinesische Begriff für Lebensenergie) haben wird. Genauso, wie eine stark befahrene Straße eine andere Energie ausstrahlt als beispielsweise eine bunte Frühlingswiese, können manche Gegenstände, Möbel, Formen, Farben oder Nahrungsmittel entweder förderliches oder »abziehendes«, schwächendes Qi in sich tragen.

FENG SHUI, die uralte chinesische Lehre vom Leben und Wohnen in Harmonie, bietet eine Fülle von »Werkzeugen« und Tips, mit Hilfe derer Sie Einfluß auf die Wohnqualität und damit auf Ihre Lebensqualität nehmen können – und auch sollten. Denn in einer zunehmend stressigen und fordernden Gesellschaft wird die Bedeutung einer energetisch förderlichen und harmonisierenden Wohnung immer wichtiger.

*Die harmonische Gestaltung der eigenen vier Wände kann Ihr Leben positiv beeinflussen.*

# Die Bedeutung der Küche

Ihre Wohnung ist ein zusammenhängender Organismus, in dem die unterschiedlichsten Aufgaben und Funktionen jeweils harmonisch vereint werden müssen. Dementsprechend wichtig ist nicht nur die Anordnung der einzelnen Räume zueinander, sondern auch deren stimmige Einrichtung und Gestaltung.

Die Kunst besteht darin, das Potential der Umgebung bestmöglich zu nutzen, aber auch die Innenräume so zu gestalten, daß bestmögliches Qi für die Bewohner »erzeugt« wird. Feng Shui ist die Kunst, zum rechten Zeitpunkt am richtigen Ort die richtigen Maßnahmen zu setzen. Maßnahmen, die ein allgemeines Wohlgefühl erzeugen, führen zu einem gesunden und erfolgreichen Leben. Störungen sollen vermieden werden, und ideal ist es, wenn alle Räume der Wohnung so gut gestaltet und genutzt sind, daß die Lebensenergie Qi frei fließen und sich ungestört entfalten kann. Jeder Raum ist wichtig für das Gesamtenergiegefüge. Eventuelle Feng-Shui-Mängel sollten mit geeigneten Maßnahmen (siehe ab Seite 28) ausgeglichen werden. Die Küche nimmt da eine herausragende Stellung ein.

## Ort der Kommunikation

Zunächst symbolisiert die Küche Gesundheit und Energie – die Grundlage für ein harmonisches Leben. Im Laufe eines Küchenlebens sind es viele Tausende von Mahlzeiten, die hier bereitet werden. Jede dieser Mahlzeiten kann entweder positiv oder belastend wirken, je nach Zutaten und Zubereitung. Zum anderen kann eine gut genutzte Küche auch zu einem wichtigen Kommunikationszentrum für die Familie und ihre Gäste wer-

*Hilft jeder Beziehung, der entspannte Plausch in der Küche oder am Eßtisch.*

den. Gespräche verlaufen in einem stimmungsvollen, »nährenden und duftenden« Umfeld erfahrungsgemäß besser als an einem nüchternen Ort.

**UNTERSUCHUNGEN** haben gezeigt, daß in Familien, in denen diese zentrale Einbindung der Küche ins Alltagsgeschehen fehlt, beispielsweise Partnerprobleme häufiger auftreten und auch schwieriger zu lösen sind. So gesehen übernimmt die Küche auch eine wichtige zwischenmenschliche Vermittlerrolle. Wo diese verbindende Qualität fehlt, muß sie oft mühsam anderswo erarbeitet werden.

**ABER** auch für Singles hat der regelmäßige und freudvolle Aufenthalt in der Küche eine große Bedeutung: Hier spiegelt sich Ihre Selbstliebe, das heißt wie sehr Sie auch auf die eigenen (erkannten und verborgenen) Sehnsüchte und Bedürfnisse achten. Verwöhnen Sie sich selbst genauso, wie Sie Ihre Gäste verwöhnen würden!

### Die Küche harmonisieren

**AUS** all den genannten Gründen sollte Ihre Küche so funktional und harmonisch wie möglich gestaltet sein, so daß hier Gefühle der Geborgenheit, der Harmonie, der Stärke und des Glücks entstehen können. Eventuelle störende Einflüsse sind vom Kochenden unbedingt fernzuhalten, um ein förderliches Umfeld für ihn und seine Familie, seine Gäste zu schaffen. Dies beeinflußt ganz unmittelbar die Nahrung und deren Qualität positiv.

## Energie will fließen

**SCHON** immer wurde die Küche als die »Heilstube« oder die Apotheke des Hauses betrachtet. »Laßt eure Nahrung eure Medizin sein«, verlangten die Weisen Asiens schon vor Jahrtausenden. Denn die Harmonie der Nahrung überträgt sich unmittelbar auf die Menschen, die diese in sich aufnehmen. Doch gute Lebensmittel allein machen noch lange keine gute Nahrung. Es müssen einige Komponenten harmonisch zusammenspielen, um aus guten Ausgangsstoffen ein energiereiches, lebendiges Lebensmittel zu machen.

### Energie und Gesundheit

**JEDER** naturheilkundlich arbeitende Arzt weiß, daß Gesundheit nur dann möglich ist, wenn der Körper energetisch gut versorgt ist. Blockaden müssen daher aufgelöst werden. Ein Beispiel, wo diese Erkenntnis seit langem angewendet wird, ist die chinesische Kunst der Akupunktur. Hier bedient man sich sogenannter »Meridiane«. Diese an oder unter der Hautoberfläche des menschlichen Körpers verlaufenden Energieleitbahnen werden mit einer hauchdünnen Nadel angestochen. Dadurch löst sich der Stau, und das Qi kann wieder frei fließen – die Voraussetzung zur Heilung. Innerhalb der Wohnung bringen Feng-Shui-Maßnahmen stagnierende Energien ins Fließen: Feng Shui ist sozusagen »Akupunktur im Raum«.

## Wie wirkt Feng Shui?

**In** einem lebendigen System ist alles mit allem verbunden. Genauso wie in unserem Körper durch das Auflösen von Blockaden eine Gesundung in scheinbar gar nicht zusammenhängenden anderen Körperpartien eintreten kann, wird durch das gezielte Aktivieren von einzelnen Wohnungsteilen eine Harmonisierung bewirkt.

**Alles** in unserem Umfeld »lebt«, daher ist leicht vorstellbar, daß auch die Wohnung – ähnlich wie unser Körper – eine gute energetische Versorgung haben muß. Die Lebensenergie Qi sollte wie »ein walzertanzendes Paar durch die Räume zirkulieren«. Wäre das bei Ihnen zu Hause hindernisfrei möglich? Liegt der Eingang Ihrer Küche sehr versteckt, und ist der Eßplatz nur schwer zu erreichen? Wenn ja, dann sollten Sie etwas gegen diese Blockaden tun!

### Feng Shui für den Westen

**Häufig** werden auch bei uns im Westen chinesische Methoden einfach übernommen, ohne zu hinterfragen, ob diese für uns überhaupt sinnvoll sind. Die Grundgesetze, nach denen unsere Welt funktioniert, sind in China, dem Mutterland des Feng Shui, natürlich dieselben wie bei uns. Doch vieles, was zu »chinesisch« ist, also regionale Besonderheiten und auch Aberglauben widerspiegelt, muß weggelassen werden, und statt dessen sollten im Westen neue und eigenständige Methoden angewendet werden.

**Das** Feng Shui des 21. Jahrhunderts mußte daher teilweise für unseren westlichen Kulturkreis neu entwickelt werden. Sie können guten Gewissens auf Bambusflöten verzichten und brauchen Ihre Küche nicht zu einem Chinarestaurant umzugestalten. Schließlich hat auch unsere Kultur genügend eigene Feng-Shui-Hilfsmittel entwickelt. Und da wir heute mit neuen Situationen konfrontiert werden, sind auch neue Lösungen gefragt. Dafür stehen uns viele moderne und für unseren Geschmack passende Methoden zur Verfügung. Gutes Feng Shui ist vor allem auch schön und ästhetisch. Lassen Sie sich überraschen, wie vielfältig und universell einsetzbar die Hilfsmittel unseres eigenen, westlichen Kulturkreises sind.

*Wie »ein walzertanzendes Paar« sollte die Energie durch Ihre Wohnung fließen.*

# Die Küche und Qi

**Je harmonischer das Umfeld ist, um so energiereicher und »heilsamer« ist auch die Nahrung, die in der Küche produziert wird.**

ZUNÄCHST sollte man sich so frei wie möglich von Chemie und anderen schädlichen Belastungen machen, so daß der Körper nicht unnötig Energie verliert. Naturbelassene Zutaten aus ökologischem Anbau sind daher ideal. Die zweite Komponente besteht aus einer Reihe energetischer Maßnahmen, welche uns helfen, das Qi der Nahrung besser aufzunehmen. Am wichtigsten sind bei der Nahrung gute Luft (»Feng«) und lebendiges Wasser (»Shui«). Diese zwei Elemente sind elementar notwendig für das Leben auf der Erde.

## Gutes Feng – gute Luft

DIE Luft, die wir atmen, ist verantwortlich für 90 Prozent unseres Stoffwechsels. Frische Luft hat starkes Qi und versorgt uns also mit positiver Energie, während verbrauchte oder abgestandene Luft den Körper schwächt oder gar krank macht. Um sich gut zu regenerieren, sollte man unbedingt regelmäßig bei frischer Luft tief durchatmen. In Japan gibt es zu diesem Zweck bereits »Sauerstoffbars«.

## Machen Sie Ihre Küche zu einem Hort des guten Feng

➤ Sorgen Sie für gute Be- und Entlüftung und eine angemessene Luftzirkulation. Eine Küche braucht daher Fenster! Sowohl Gas- als auch Elektroherde erzeugen nämlich Luftverschmutzung durch das Verbrennen von Staub und anderen Teilchen. Dunstabzüge (Seite 24) verbessern zwar die Luftqualität, haben aber auch ungünstige »Nebenwirkungen«, denn sie ziehen Qi aus der Küche hinaus.
➤ Gasherde sollten für eine optimale Verbrennung und geringstmögliche Luftbelastung mit blauer Flamme brennen.
➤ Gesunde und kräftige Zimmerpflanzen reinigen die Luft in der Küche. Grünlilie, Bogenhanf oder Gerbera beispielsweise sind hierfür sehr gut geeignet.

*Regelmäßiges Lüften und Grünpflanzen sorgen für gutes »Feng« – gute Luft – in der Küche.*

## Energiereiches Shui – das Trinkwasser

Das andere essentielle Element unseres Lebens ist das Trinkwasser. Es sollte gut belebt sein (dafür gibt es mittlerweile alle möglichen Hilfsmittel) und vor allem nicht in Plastikflaschen gelagert werden. Um die negative Wirkung von Plastikflaschen zu erkennen, können Sie einen einfachen Versuch durchführen: Stellen Sie Wasser in einer Plastikflasche für ein paar Stunden in die Sonne, und Sie werden merken, wie der Geschmack sich verändert. Kunststoff scheidet nämlich Teilchen ins Wasser aus.

### Gutes und schlechtes Wasser

➤ Gechlortes Wasser greift Vitamin E an, und obwohl es verdunstet, erzeugt es toxische organische Substanzen, welche nicht verdunsten.
➤ Vermeiden Sie auch eine Akkumulierung von Aluminium im Körper (wird mit Alzheimer und anderen Nervenkrankheiten in Verbindung gebracht), indem Sie weder Aluminiumgeschirr noch Alufolien verwenden. Auch Teflon und andere Antihaftbeschichtungen sind giftig. Wenn sie überhitzt werden, erzeugen sie gefährliche Dämpfe.
➤ Verwenden Sie am besten Glasgefäße oder gutes Keramikgeschirr – vor allem auch zum Aufbewahren der Essensreste.

## Das Qi der Nahrung

Die andere Komponente des Feng Shui betrifft die Energie oder das Qi des Kochens und Essens. Selbst die Art und Weise, wie Sie etwas schneiden, beeinflußt die Qualität der Nahrung. Vielleicht ist es Ihnen schon einmal aufgefallen: Ein Biß von einem Apfel schmeckt anders als eine abgeschnittene Scheibe. Manchmal bestehen Kinder darauf, ihr Pausenbrot auf eine ganz bestimmte Weise geteilt zu bekommen. Und nicht selten wählt ein Koch eine ganz spezifische Form seiner Nudeln aus, obwohl alle aus demselben Teig gemacht sind.

### Was beeinflußt die Nahrung?

➤ Ein glatter, sauberer Schnitt mit einem scharfen Messer lädt das Essen mit Klarheit und Präzision, während eine stumpfe Schneide harte und rauhe Energie ins Essen bringt.
➤ »Liebe geht durch den Magen«: Sind Sie beim Kochen gut gelaunt, gar verliebt oder einfach glücklich, so wird das von Ihnen zubereitete Essen eine bessere Qualität annehmen und auch ausgezeichnet schmecken. Sogar die Stimmung zu Tisch wird sich spürbar verbessern.
➤ Auch das Bewußtsein des Koches beeinflußt – wie wir alle schon erlebt haben – die Qualität des Mahls. Selbstgebackenes Brot oder Großmutters Kuchen schmecken einfach deswegen so gut, weil sie mit Liebe gemacht wurden.

*Ebenfalls wichtig: vitales Wasser – lebendiges »Shui«.*

*Viele Restaurants produzieren bestenfalls »Füllstoffe« anstelle von aufbauender oder gar heilender Nahrung. Wann haben Sie sich das letzte Mal nach einem Restaurantbesuch so richtig energetisiert, leicht und beschwingt gefühlt?*

➤ Haben Sie schon mal überlegt, welche Auswirkungen es auf Ihre Mahlzeiten hat, wenn Sie unter Druck, mit Widerwillen oder unter Streß kochen müssen oder wenn es Ihnen gesundheitlich oder emotional nicht gutgeht? Dann gelangt die Energie von Frustration, Ärger oder Streß ins Essen. Doch: Streß erzeugt Streß, das Essen wird mit negativen Energien durchtränkt. Kein Wunder, daß bei Tisch viel öfter gestritten wird!

➤ Sollte »gestreßtes Kochen« bei Ihnen nur selten vorkommen, sind die Auswirkungen nicht so schlimm. Was aber sind die Folgen, wenn Sie und Ihre Familie immer wieder und regelmäßig solche Nahrung konsumieren?

## Gibt es den idealen Herd?

**ÄHNLICH** problematisch wie die Nahrungszubereitung unter Streß ist der Mikrowellenherd zu bewerten, welcher zwar angeblich vitamin- und nährstoffschonender als andere Herde kocht, aber gleichzeitig durch den naturwidrigen Erwärmungsprozeß (von innen nach außen, normales Kochen erwärmt von außen nach innen) »aggressiv« die Zellstruktur des Essens zerstört. Was Sie essen, mag zwar gut erwärmt sein und möglicherweise auch delikat aussehen, ist aber »energetischer Sondermüll«. Chaos im Essen bewirkt auf Dauer auch Chaos im Menschen.

### Holz liefert die beste Wärme

**IN** einem Experiment wurden die Qualitäten verschiedener Energiequellen untersucht. Wasser wurde mit vier verschiedenen Wärmequellen zum Sieden gebracht: mit Holz, Gas, Strom und Mikrowelle. Mit dem anschließend abgekühlten Wasser wurden Pflanzen gegossen. Am gesündesten und stärksten entwickelten sich die Pflanzen unter dem Einfluß des Holzfeuer-Wassers. Auch die Gasherd-Pflanze strotzte vor Gesundheit und zeigte sich fast ebenso kräftig. Das Wasser des Elektroherds erzeugte eine verbogene und etwas gekrümmte Pflanze. Und die Mikrowellenherd-Pflanze konnte eigentlich nur noch als »Mutant« bezeichnet werden, sie wurde immer schwächer.

*Ein mit Holzfeuer gekochtes Essen ist energetisch am wertvollsten.*

**DIE** beste Vitalität hat demnach das Holzfeuer – deshalb ist selbst das einfachste Essen in der urigen Almhütte meist viel bekömmlicher und gesünder als anderswo.

**FALLS** Sie jedoch nicht ohne Mikrowelle auskommen, sollten Sie sie zumindest sparsam und bedacht einsetzen. Plazieren Sie das Gerät nicht über dem Herd oder zu nahe am Eßplatz – das aufsteigende Qi des normalen Herdes beziehungsweise das Qi der Menschen könnte sonst ungünstig beeinflußt werden.

## Küchenmaschinen

**IN** modernen Küchen finden sich immer mehr technische Geräte, was auch zu vermehrter Belastung durch elektromagnetische Felder – Elektrostreß – führt. Dies kann die Menschen energetisch auslaugen, müde und auch krankheitsanfällig machen. Der Einsatz von Tageslichtbirnen anstatt Neonröhren, genügend Zimmerpflanzen und regelmäßiges Lüften sollten daher Mindestmaßnahmen sein.

**GERÄTE,** welche in direkten Kontakt mit der Nahrung kommen, wie zum Beispiel Mixer oder Küchenmaschinen, fügen der Nahrung eine rauhe und zerhackende Qualität zu. Daher sollten diese nur selten verwendet werden, denn wer zuviel Essen aus diesen schnellaufenden Geräten zu sich nimmt, wird mit der Zeit ruhelos und wirkt unausgeglichen. Der Unruhe-Effekt durch solche elektrische Maschinen könnte dadurch gemindert werden, daß Sie das Essen einige Minuten vor dem Servieren sich »beruhigen« lassen.

### So wenig Technik wie möglich

**KOCHEN** Sie, wenn immer es geht, langsam und schonend, denn dies schafft beruhigende und ausgleichende Qualitäten im Essen. Kochen im Druckkochtopf sorgt für Fokus und Konzentration. Das Braten in der Pfanne stimuliert aktive Energie, und leichte Nahrung verhilft zu einem leichten Gemüt.

**WIR** sollten niemals unter Streß und Zeitdruck essen. Ein kurzes tiefes Durchatmen vor dem Essen und das dankbare »Kontaktaufnehmen« mit dem »Geist« und der Energie der Nahrung aktivieren die Verdauungstätigkeit und helfen, die Lebensenergie des Essens leichter aufzunehmen.

**DURCH** gutes Kauen nehmen Sie das Qi der Nahrung direkt in sich auf. Die Qi-Aufnahme erfolgt über Drüsen unterhalb der Zunge, und dieser Vorgang ist auch der Grund, warum der erste Schluck heißer Suppe den ganzen Körper wärmen kann. Jedes Nahrungsmittel hat sein eigenes Qi. Besonders wertvoll sind naturnah produzierte Nahrungsmittel aus der eigenen Region. Jedes Nahrungsmittel ist einem der 5 Elemente Holz, Feuer, Erde, Metall und Wasser (siehe Tabellen ab Seite 59), die auch Grundlage des Feng Shui sind, zugeordnet.

*Mehr Energie und Klarheit durch präzisen Schnitt: Messer sollten gut geschliffen sein.*

# Die optimale Küche

**Je glücklicher der Koch, desto energiereicher wird auch die Nahrung sein. Schon bei der Wohnungsplanung sollten Sie daher genau überlegen, welcher Raum der Wohnung der ideale Platz zum Kochen und Essen wäre.**

IDEAL ist es, wenn Küche und Eßplatz eine günstige Anbindung an das Wohnzimmer oder andere häufig genutzte Räume haben. Wer in der Küche zu tun hat, sollte sich nicht ausgesperrt fühlen, sondern in das Geschehen einbezogen werden. Ein einladender Tresen oder bequeme Stühle animieren sowohl Familie als auch Gäste zum gemütlichen Plausch beim Kochen. Das schafft Zusammengehörigkeit, vor allem, wenn die Küche ein wenig abseits liegt. In einer solchen Küche fühlt man sich wohl, und auch als Kochender entwickelt man keine Fluchttendenzen.

FLEXIBEL öffenbare Unterteilungen zu den Wohnräumen haben sich sehr bewährt. Eine häufig und gern benutzte Küche aktiviert das Qi der Wohnung und der Menschen mit aufbauenden Schwingungen. Eine vernachlässigte, düstere und nur zum Kaffeekochen oder zum Anrichten von Fast food mißbrauchte Küche aber erzeugt Mangel und Stagnation, weil die der Küche zugeordnete »Bagua-Zone« (Seite 32 ff.), zu wenig Aufmerksamkeit und Energie erhält.

*Windspiele können zu starke Energieströme zerstreuen.*

## Erster Anblick Küche?

WENN Sie bereits von der Wohnungstür in die Küche blicken, dann ist Kochen, Essen oder Genießen für Sie besonders wichtig: Gewichtsprobleme, Essen aus Langeweile oder als Ersatzhandlung bei Streß oder schlechter Stimmung, das strenge Einhalten einer bestimmten Diät oder Ernährungslehre oder ganz einfach das intensive Genießen lukullischer Köstlichkeiten – irgendwie ist Essen ein wichtiger Dreh- und Angelpunkt in Ihrem Leben. Möglicherweise feiern und essen Sie auch oft und gerne mit Freunden. Sollte Ihnen diese starke Essensfixierung aber doch ein bißchen zuviel werden, dann stehen Ihnen mehrere Feng-Shui-Maßnahmen zum Abschwächen des starken Kücheneinflusses zur Verfügung:

➤ Ziehen Sie die Aufmerksamkeit so weit wie möglich weg von der Küchen- oder Eßzimmertür, am besten in Richtung Wohnzimmer oder zu einem anderen wichtigen Raum. Sorgen Sie für einen auffallenden und attraktiven Blickfang an einer gut einsehbaren Wand: Ein Bild, eine Skulptur, ein bunter Blumenstrauß oder ein schönes Möbelstück – gut beleuchtet und schön in Szene gesetzt – lenkt Aufmerksamkeit und Qi an der Küche vorbei zum Wohnzimmer.

➤ Hängen Sie in den direkten Energiestrom zwischen Eingangstüre und Küche ein »zerstreuendes« Windspiel, ein Mobile oder einen Regenbogenkristall.

➤ Befestigen Sie das Objekt so an der Decke, daß das Qi gleich in die gewünschte Richtung weitergelenkt wird und es beim Durchgehen nicht stört (es wirkt, auch wenn es ziemlich hoch hängt). Auch Lampen bremsen und verteilen das Qi – um so stärker, je deutlicher sie den Raum erfüllen. Mit Spots oder Lichtschienen kann ebenfalls die gewünschte Energierichtung betont werden: Leuchten Sie dorthin, wo das Qi hinströmen soll.

➤ Auch die Verlegerichtung des Bodenbelags ist entscheidend. Schräg oder quer verlegte Fliesen bremsen den Energiestrom zur Küche. Auch ein quer liegender Läufer oder ein runder Teppich wirken bremsend.

## Tips für die Küchengestaltung

IM Folgenden gebe ich Ihnen einige leicht nachzuvollziehende Hinweise, wie Sie Ihre Küche Feng-Shui-gerecht gestalten können.

### Licht

EINE Feng-Shui-Küche wirkt insgesamt sehr hell und freundlich. Ausreichend Tageslicht ist besonders wichtig, aber auch am Abend sollten genügend Lampen eine warme und stimmungsvolle Raumatmosphäre schaffen. Die meisten Küchen sind insgesamt zu wenig beleuchtet – dies führt zu Stagnationen im Energiefluß des Raumes.

Meist sind nämlich nur die »wichtigen« Bereiche bei den Arbeitsflächen und beim Eßtisch punktuell ausgeleuchtet. Wenn aber in Raumecken, über den Schränken oder gar bei Spüle oder Herd die Ausleuchtung schlecht ist oder die Lampen so ungünstig angebracht sind, daß sie blenden, kann dies die Atmosphäre beim Kochen und beim Essen empfindlich stören. Düstere Bereiche sind gleichzeitig auch Zonen des stagnierenden Qi, was in der Küche unter allen Umständen vermieden werden sollte.

*Für leichtes, erhebendes Qi sollte die Küche hell und freundlich gestaltet sein.*

### Ordnung

**Tagelang** herumstehende Essensreste, ungespültes Geschirr, schmutzige Arbeitsflächen und ein verkrusteter Herd sind aus Feng-Shui-Sicht sehr ungünstig. Für optimales Qi sollte die Küche aufgeräumt und auch geputzt sein. Denn ein ordentlicher und sauberer Arbeitsplatz fördert die Kreativität und erleichtert den idealen Qi-Fluß.

### Geräte

**Nicht** zuletzt sollten Sie darauf achten, daß alle Gerätschaften und Werkzeuge auch gut funktionieren. So symbolisiert beispielsweise der Herd Lebensenergie und Gesundheit – aber auch das finanzielle Wohlergehen der Bewohner. Wer gute Nahrung zu sich nimmt, dem geht es gut, und wem es gutgeht, der hat auch beruflich und in der Folge auch finanziell mehr Glück. Die richtige Positionierung des Herdes ist daher besonders wichtig (Seite 25), aber auch, daß Sie den Herd regelmäßig benutzen: Je häufiger Sie Ihre Ressourcen aktiv nutzen, desto besser. Daher sollten Sie auch regelmäßig alle verschiedenen Kochplatten einsetzen – dies hilft Ihnen, auch im Leben alle Ihre Talente und Fähigkeiten ausgewogener zu aktivieren und nicht einen Teil auf Kosten der anderen überzubetonen. Ein Herd mit vier Kochstellen bietet daher von vornherein mehr Potential als einer mit nur drei Platten.

*Ein tropfender Wasserhahn läßt Energie ungenutzt versickern.*

### Störungen beseitigen

**Wenn** bei Ihrem Herd ein Platte kaputt ist, so können Sie im übertragenen Sinn auch im Leben einen Teil Ihrer Ressourcen nicht einsetzen. Reparieren Sie daher umgehend alle kaputten oder nicht mehr richtig funktionierenden Dinge. Sie vermeiden dadurch Stagnation und bleiben »im Fluß«. Auch quietschende oder schiefhängende Türchen, klemmende Schubladen, beschädigte Teller oder Gläser, das nicht funktionierende Backrohr, der undichte Geschirrspüler und die durchgebrannte Glühbirne sind Zeichen beginnender Stagnation.

**Tropft** ständig der Wasserhahn, steigt damit nicht nur die Wasserrechnung – es versickert symbolisch auch ein Teil Ihrer Lebensenergie und Ihrer Finanzen ungenutzt. Das Lebenselement Wasser (»Shui«) ist ein wichtiger Träger für gesundes und vitales Qi und somit auch ein Zeichen von Fülle und Wohlstand. Sollte Ihr Abfluß verstopft sein, schließen Feng-Shui-Experten darauf, daß Sie entweder Schwierigkeiten haben, Altes und Verbrauchtes endgültig loszulassen (auch im übertragenen Sinne), oder zu Verdauungsproblemen neigen. Daher sollten alle Unregelmäßigkeiten und Störungen in Küche und Eßzimmer schnellstmöglich entfernt und ausgeglichen werden. Dies fördert Ihr Wohlbefinden, sorgt für bessere Energie und somit auch bessere Stimmung, und es hilft Ihnen, Ihre Chancen besser zu nutzen.

## Farbgebung

**Die** Farbgebung der Küche sollte sowohl Menschen als auch in der Folge die Nahrung warm und inspirierend unterstützen. Eine Küche, die überwiegend in Grautönen, Schwarz oder anderen dunklen Farben gehalten ist, würde den Raum unnötig schwer und düster erscheinen lassen. Auch ein Übermaß an Stahl, Chrom und glattpoliertem, dunklem Stein wirkt kalt, nüchtern und manchmal sogar lebensfeindlich. Gutes Design braucht aber nicht steril zu wirken: Nach dem Gesetz von Yin und Yang (Seite 23) sollten sich die verschiedenen Elemente, Farben, Formen und Materialien zu einem harmonischen Ganzen zusammenfügen. Mit anderen Worten: Je mehr dunkle Farben Sie integrieren möchten, desto deutlicher müssen Sie für ausgleichende helle Farbtupfer sorgen; Geradliniges und Hartes verlangen als Ausgleich Weiches, Rundes und Fließendes; und wenn nur wenig Platz zur Verfügung steht, der Raum eng und düster wirkt, sollten Einrichtung, Farbe und Beleuchtung besonders luftig, freundlich und offen ausfallen.

**So** hat alles sein Gegenstück, und wenn sich schließlich eine leichte Überbetonung des Freundlichen, Hellen, Offenen und Weiten ergibt, werden Sie sich in dieser Küche nicht nur sehr wohl fühlen, Sie werden hier auch Nahrung mit positiver Wirkung auf die Menschen, die sie zu sich nehmen, produzieren.

*Diese weiße Küche im traditionellen Stil wirkt großzügig und hell. Sie strahlt zurückhaltende Eleganz aus.*

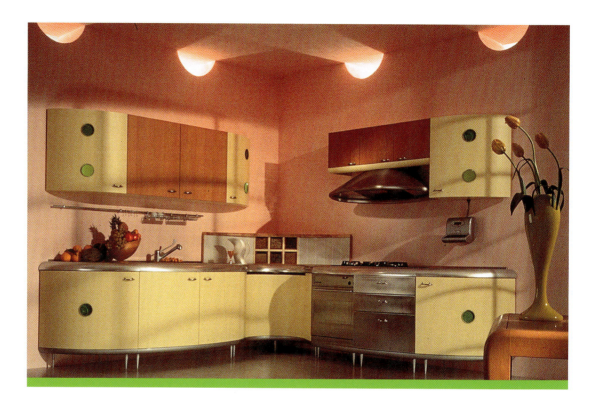

*Eine extravagante Küche: Farbe und weiche Formen sorgen für fließende Energien.*

**Günstige** Wandfarben sind Weiß (symbolisiert Reinheit und Klarheit) sowie alle hellen und nicht zu grellen Töne. Pastellige Cremetöne, Beige oder ein zartes Gelb sorgen für Wärme und eine harmonische Stimmung.

**Vor** Rot in der Küche wird im Feng Shui gewarnt, weil es das »Feuer« des Herdes zusätzlich verstärken würde, was Streß und Unruhe provoziert. Wie überall gilt aber auch hier, daß immer die Dosis den Ausschlag gibt. Je nachdem, wie hell, dynamisch und Yang-betont die Küche insgesamt wirkt, darf entweder mehr oder nur sehr wenig Rot vorkommen.

**Wenn** die Sichtflächen Ihrer Möbel eine besonders auffällige Farbe haben, sollten zum Ausgleich die Wände und die Decke eher weiß bleiben. Dunkles Blau (Element Wasser) ist großflächig für die Kücheneinrichtung oder als Wandfarbe nur sehr bedingt geeignet, und wenn, dann noch am ehesten in Kombination mit Metall (wirkt eher zurückhaltend und kühl) oder Holz kombiniert. Hier würden auch mehrere Zimmerpflanzen oder andere »holzige« Elemente guttun, denn das »Holz« vermittelt zwischen der Wasserenergie der Farbe Blau und der Feuerenergie des Herdes.

## Yin und Yang in der Küche

**Die** Kategorisierungsmethode von Yin und Yang beschreibt alle Dinge oder Phänomene unseres Universums als »Gegensatzpaare« (Yin/Yang), welche in ständigem Austausch und Dialog stehen. Jedes braucht das andere als Ergänzung zum Ganzsein.

**Das** »Yang-Prinzip« ist aktiv, während die »Yin-Kraft« passiv ist; dennoch ist nichts »absolut Yin« oder »ausschließlich Yang«, denn in allem schlummert stets auch der Keim des anderen. Wenn die Nacht am Höhepunkt ist (Mitternacht, maximales Yin), beginnt bereits der Tag (Yang), im tiefsten Winter (Yin) bereitet sich die Natur bereits auf das Keimen, Knospen, Wachsen und Blühen der warmen Jahreszeit (Yang) vor, und selbst die stürmische Zeit der Jugend (Yang) wandelt sich im Laufe der Jahre in die vergleichsweise ruhigere (Yin-)Phase des Alters. Wenn beide Pole zueinander in Harmonie stehen, herrschen Gesundheit, Wohlbefinden und Erfolg vor. Wer viel arbeitet (Yang), sich aber auch regelmäßig und ausreichend Ruhepausen (Yin) gönnt, wird langfristig gesund und erfolgreich bleiben. Wer aber einseitig lebt und handelt, wird recht bald die Folgen seines selbstproduzierten Ungleichgewichtes spüren.

**Auch** innerhalb der Wohnung sollten Yin und Yang einigermaßen in Balance sein (ein exaktes Gleichgewicht kann es nicht geben, weil sich ja alles im Wandel befindet). In der Küche und am Eßplatz sollte demnach genügend lebendiges, inspirierendes und erfrischendes Yang-Qi vorhanden sein, ergänzt durch viel harmonisierendes, Geborgenheit und Stimmung vermittelndes »Yin«, etwa in Form von Gardinen, Teppichen, Tischtüchern oder bequemen Sitzmöbeln.

**Weder** eine zu helle, heiße, lärmreiche, unruhige und übermäßig exponierte Küche (Yang) noch eine extrem düstere, niedrige, vollgestopfte und schlecht gelüftete (Yin-)Küche wäre ideal. Bei allem ist stets ein Mittelmaß – je nach Persönlichkeit ein bißchen anders – zu finden. Streben Sie jenen Zustand an, der Ihnen und Ihrer Familie am besten entspricht und das unterstützt, was Sie sind und wer Sie sind. Und wenn Ihnen eine bestimmte Gestaltung oder Situation nicht mehr entspricht, dann brauchen Sie sie nur zu verändern, indem Sie Einseitigkeiten ausgleichen und statt dessen jene Eigenschaften fördern, die Ihnen neuerdings besser entsprechen.

| Yang | Yin |
| --- | --- |
| aktiv | passiv |
| Himmel | Erde |
| außen | innen |
| männlich | weiblich |
| hell | dunkel |
| Zeit | Raum |
| ausdehnend | zusammenziehend |
| extrovertiert | introvertiert |

*Das Symbol von Yin und Yang zeigt uns: Mann und Frau, hell und dunkel – das eine braucht stets das andere.*

*Eine gut durchdachte Küche mit viel Licht und genügend Platz.*

## Möbel

**Gerade** Möbelkanten regen die linkshemisphärische (aus der linken Gehirnhälfte stammende), lineare, logische Gehirnaktivität an, während weiche und runde, geschwungene Formen für rechtshemisphärische, kreative Energien sorgen. Eine ideale Küche integriert beide Formen. »Schneidendes Qi« von aggressiven Möbelkanten sollten Sie überall dort vermeiden, wo sich die Bewohner nahe daran vorbeibewegen müssen oder wo unmittelbar davor gesessen oder gearbeitet wird. Die Kanten von Arbeitsplatten und von exponierten Schränken und Kästchen sollten abgeschrägt oder gerundet sein (zum Beispiel Seite 22).

**Auch** die Arbeitshöhe sollte bedacht werden, denn das optimale Qi fließt nur bei gerader und aufrechter Wirbelsäule durch Ihren Körper. Bestehen Sie daher auf höhere Arbeitsflächen, wenn es Ihre Körpergröße erfordert. Schließlich verbringen Sie im Laufe der Jahre Tausende von Stunden in der Küche, da amortisiert sich das bißchen Extraaufwand schon sehr bald.

### Sorgen Sie für freie Räume!

**Falls** irgendwie möglich, sollten nicht alle Wandflächen mit Schränken verbaut werden. Beim Kochen ständig mit dem Kopf vor Schränken zu stehen, wirkt wie das sprichwörtliche »Brett vor dem Kopf«. Das hemmt die Kreativität und blockiert die duftige Atmosphäre der Küche unnötig. Daher sollten auch Dunstabzüge nur dort eingesetzt werden, wo sie unbedingt nötig sind. Bei einer Neuinstallation wählen Sie eher kleine, abgerundete und unauffällige Dunstabzüge. Und wechseln bzw. reinigen Sie die Filter auch regelmäßig.

GENERELL ist ausreichend Platz und Bewegungsraum in der Küche besonders wichtig. Nur wenn Sie sich frei und uneingeschränkt fühlen, wird die von Ihnen produzierte Nahrung auch die Ausstrahlung von Freiheit annehmen können. Halten Sie daher die Arbeitsumgebung so frei wie möglich, und sorgen Sie für genügend Abstellflächen, um sich beim Kochen unbeschwert entfalten zu können.

## Positionierung des Herdes

DA sich die Nahrung während des Kochens im Zustand der Transformation befindet, nimmt sie die förderlichen Schwingungen eines glücklichen und zufriedenen Kochs unmittelbar auf. Umgekehrt sind Nahrungsmittel, die in einem gestreßten und frustrierten Umfeld entstehen, voll von destruktiver Energie.

DIE ideale Position des wichtigsten Küchengegenstandes, des Herdes, ist am »Powerspot« der Küche. Wählen Sie bei der Neuplanung Ihrer Küche einen zentralen und rückengeschützten Platz, von dem aus Sie den Raum und die Tür(en) gut überblicken. Aus einer solchen Position der Kraft wird die Qualität der von Ihnen produzierten Nahrung viel besser sein. Befindet sich der Herd zu nahe an der Tür, kann das hereinfließende Qi eventuell zu stark werden. In einem solchen Fall hilft eine Regenbogenkristallkugel (Bezugsquelle für Feng-Shui-Artikel, siehe Seite 168) oder ein Mobile zwischen Eingang und Herd, den beunruhigenden Energiestrom zu bremsen.

SOLLTEN Sie an Ihrem Herd mit dem Rücken zur Tür stehen, oder wenn Ihr Herd gar in der Ecke des Raums steht, dann können Sie mit Hilfe von Spiegeln für Übersicht und Kontrolle sorgen. Wenn Sie keinen Spiegel hinter dem Herd anbringen wollen, könnte ein freundliches Klangspiel an der Küchentür als akustischer Wächter über die Vorgänge in Ihrem Rücken und damit als Beschützer dienen. Sie werden sich wundern, wie die so gewonnene Sicherheit Ihre emotionale Befindlichkeit spürbar verbessert.

## Andere Elektrogeräte

BEACHTEN Sie bei der Anordnung der Wasser- und Kühlelemente wie Spüle, Geschirrspüler, Waschmaschine, Kühlschrank oder Gefrierschrank darauf, daß diese nicht unmittelbar neben dem Herd stehen, da ansonsten ein Feuer-Wasser-Konflikt entsteht. Installieren Sie zumindest ein Holzelement als Hilfsmittel zwischen Wasser und Feuer, indem Sie zum Beispiel an der Wand genau oberhalb der Berührungslinie der beiden Konfliktpartner einen hölzernen Kochlöffel oder ähnliches aufhängen.

*Ein Spiegel hinter dem Herd verdoppelt optisch die Anzahl der Kochplatten (und auch der zubereiteten Nahrung), was symbolisch eine Vermehrung des möglichen Wohlstands bedeutet.*

# Der Eßplatz

**Die Stimmung in einem Raum hängt sehr von seiner Gestaltung ab. Möbel und zusätzliche Einrichtungsgegenstände, die Wahl des Lichtes und der Farben – vieles muß zusammenpassen, damit sich die Menschen hier wohl fühlen.**

**Je** nach Funktion des Raumes sollte der für diese Funktion jeweils wichtigste Gegenstand bevorzugt behandelt und besonders gut in Szene gesetzt werden. In einem Büro wird dies der Schreibtisch sein, im Wohnzimmer die Sitzgarnitur, und im Eßzimmer ist es der Eßtisch. Eine gute und harmonische Stimmung beim Essen ist deshalb so besonders wichtig, weil selbst ein mit viel Liebe und Freude zubereitetes Essen seine wohltuenden Schwingungen verliert, wenn beim Essen »dicke Luft« herrscht. Zank und Streit bei Tisch verderben das schönste Mahl. Sofern Sie nicht ohnehin in der Küche (»Wohnküche« – eine meist sehr günstige Anordnung) essen, sollte der Eßtisch in einem hellen Raum gleich neben der Küche stehen. Da jeder genügend Platz braucht, um sich nicht beengt oder eingesperrt zu fühlen, sollte in einem kleinen Raum der Tisch nicht zu groß sein.

### Heben Sie die Laune Ihrer Gäste!

**Schaffen** Sie eine Atmosphäre der Behaglichkeit. Achten Sie im Eßzimmer auf eine stimmungsvolle Wandgestaltung, auf freundliche Accessoires und harmonische Bilder. Je anregender und heiterer die Stimmung im Raum ist, desto besser ist es für die Laune beim Essen. Vermeiden Sie daher düstere und schwermütig wirkende Gegenstände und Motive. Entfernen Sie Möbel oder Einrichtungsgegenstände mit belasteter Geschichte. Familienerbstücke, Antiquitäten oder Möbel des Expartners strahlen häufig unangenehme Schwingungen ab. Ein solches Möbelstück – und sei es noch so wertvoll – kann unter Umständen eine kontinuierliche Irritation darstellen. Wenn Sie belastete Möbelstücke nicht »reinigen« können (siehe Seite 29), sollten Sie sich davon trennen. Gerade beim Essen sind wir Menschen nämlich besonders empfänglich für Störungen.

*Ungünstig: Toaster und Mikrowelle haben hier nichts zu suchen!*

## Der ideale Eßtisch

**Die** Größe des Tisches sollte nicht nur dem Raum, sondern auch der häufigsten Nutzung angepaßt sein. Wenn eine dreiköpfige Familie sich täglich an einem zu großen Tisch versammelt, dann sollten sich wenigstens am anderen Ende des Tisches nicht die unerledigten Akten des Vaters oder die Schularbeiten des Kindes türmen. Zünden Sie dort besser eine schöne Kerze an oder stellen Sie eine Vase mit frischen Blumen hin. Sonst geht der Familie ein Teil ihres inneren Zusammenhaltes verloren, weil symbolisch fremde Einflüsse das Privatleben belasten. Auch wackelnde Tische oder Tischplatten sollten, um Unbeständigkeit und Instabilität aus dem Leben fernzuhalten, sofort saniert werden.

### Form und Material

**Für** optimales Qi am Eßtisch wählen Sie einen Tisch mit harmonischer und ausgewogener Form. Günstige Tischplatten haben entweder eine rechteckige, eine quadratische, eine runde, ovale oder eine achteckige Form. Hingegen erzeugen dreieckige Tische sowie solche mit asymmetrischer Fläche oder mit abgekappten Ecken unharmonische Schwingungen. Sie gelten daher laut Feng-Shui-Erfahrung als »Streittische«.

**Aber** nicht nur unregelmäßige Tischformen gelten als problematisch, auch Ausziehtische mit

*Tischdecke und Blumen überbrücken die Trennfuge.*

sichtbaren Trennfugen – so praktisch sie auch sein mögen – können »trennende Energien« und somit subtilen Streß auslösen. Sitzen nun Familienmitglieder auf verschiedenen Seiten des Spaltes, so manifestiert sich die unterschwellig trennende Wirkung der Fuge. Überbrücken und harmonisieren Sie daher den Spalt mit einer runden Vase und frischen Schnittblumen. Auch ein schönes Tuch über der Fuge, eine Schale mit Obst oder ein liebevoll gestalteter Ziergegenstand kann für die gewünschte Harmonie am Eßtisch sorgen.

**Tischflächen** aus Glas oder Plexiglas wirken instabil. Das Essen »schwebt« gewissermaßen, was vom Unterbewußtsein als Verunsicherung gewertet wird. Auf Dauer leidet darunter die gute Stimmung und möglicherweise sogar die Gesundheit. Sorgen Sie mit einer Tischdecke für Stabilität. Tischdecken harmonisieren auch Tische mit abgekappten Kanten.

# Hilfsmittel

**Eine ganze Reihe verschiedener Feng-Shui-Hilfsmittel und Accessoires stehen Ihnen zur Verfügung, um Probleme auszugleichen und die Raumenergie in der Küche und am Eßplatz zu heben.**

*Wenn Sonnenlicht auf Regenbogenkristalle fällt, verzaubern Sie den Raum mit unzähligen Lichtflecken in allen Farben.*

**Liegen** sich Tür und Fenster in einer geraden Linie gegenüber, entsteht ein »energetischer Durchzug«, das heißt, es geht viel Qi durchs Fenster verloren, und gleichzeitig herrscht eine fühlbare Unruhe im Raum. Unterbrechen und verteilen können Sie diesen Durchzug etwa mit Hilfe eines Mobiles oder eines kleinen bis mittelgroßen Klangspiels. Auch eine gesunde Zimmerpflanze am Fensterbrett, am besten kombiniert mit einer hübschen Spiegelkugel oder etwa einer glänzenden Messingsonne, kann den Qi-Strom bremsen und den Raum vor Energieverlust schützen. Die reflektierenden Accessoires lenken gleichzeitig die Energie wieder in die Wohnung zurück.

## Spiegelndes und Verspieltes

**Auch** ein Regenbogenkristall vor der Fensterscheibe stoppt den Energiestrom und reflektiert ihn zurück in den Raum. Wenn funkelnde Regenbogenkristalle ihre bunten Farben über den Eßplatz oder Herd strahlen, harmonisiert dies die Raumschwingung, und es entsteht eine heitere und freudvolle Stimmung. Über dem Eßtisch wirken Regenbogenkristalle beruhigend und ausgleichend – allerdings sollten sie stets sehr sauber sein, und die Oberfläche sollte funkeln.

**Ähnliches** gilt auch für Spiegel: Sollten Sie an Ihrem Herd mit dem Rücken zur Tür stehen, oder wenn der Herd gar direkt in einer Ecke des Raums steht, dann können Sie mit Hilfe von Spiegeln für Übersicht und Kontrolle sorgen. Sie wissen so, was hinter Ihnen geschieht. Außerdem »öffnet« ein geschickt plazierter Spiegel optisch den Raum hinter dem Herd, was den Kochplatz insgesamt viel luftiger, weiter und gleichzeitig auch heller erscheinen läßt. Und da Feng Shui dem Herd auch die Symbolik von Fülle und Wohlstand zuordnet, soll eine »Verdopplung« des nährenden Qi der Speisen auch den Wohlstand der Familie positiv beeinflussen – einen Versuch ist es schon mal wert. Allerdings werden Spiegel nur dann ihre wohltuende Wirkung entfalten, wenn sie regelmäßig geputzt werden, was übrigens meist viel einfacher von der Hand geht als etwa das Fliesen- und Fugenputzen. Auch metallisch glänzende Oberflächen können als Spiegelersatz eingesetzt werden. Und sollte Ihr Dunstabzug sehr wuchtig wirken, läßt ihn ein Spiegelstreifen an der Stirnseite optisch zurücktreten.

**Wenn** Sie keinen Spiegel hinter dem Herd anbringen wollen, könnte ein freundliches Klang-

*DNS-Spiralen steigern die Raumschwingung.*

spiel an der Küchentür als akustischer Wächter über die Vorgänge hinter dem Rücken und damit als Beschützer dienen. Die so gewonnene Sicherheit wird Ihre emotionale Befindlichkeit spürbar verbessern.

### Accessoires

**DNS-Spiralen** wirken nicht nur faszinierend, sie können die Raumschwingung enorm steigern – wie übrigens auch Zimmerbrunnen und Bilder mit Wassermotiven. Am Eßplatz sollten auch Zimmerpflanzen oder Schnittblumen nicht fehlen. Sie symbolisieren die Dynamik des frischen Lebens, verbessern die Raumluft und erhöhen das Qi. Um stagnierende Zonen, wie etwa ungenutzte Raumecken zu aktivieren, hilft Licht – beispielsweise als Stehlampe oder Spot – oder ein belebendes Mobile.

## Raumreinigung mit Rosenelixier

**Wie** wichtig eine klare und harmonische Raumschwingung für das allgemeine Wohlbefinden ist, wissen Sie mittlerweile. Doch selbst in der schönsten Küche und am stimmungsvollsten Eßplatz sammeln sich im Laufe der Zeit eine Menge alter Energien: Jedes Gespräch, jeder Gedanke, jede Zeitungs- oder Nachrichtenmeldung, mit denen Sie sich hier beschäftigten, auch Streit und Sorgen, bleiben im Umfeld erhalten. Nach und nach sinkt die Raumschwingung. Zunächst unmerklich, doch irgendwann spürbar wirkt alles ein bißchen schwerer oder »grauer« als früher. Daher sollten alle Räume – besonders häufig Küche und Eßplatz – regelmäßig »energetisch gereinigt« werden. Dabei gilt: je klarer, feiner und höher die Schwingung des »Werkzeuges«, desto besser die Wirkung.

**Die** einfachste und schnellste Methode ist das Besprühen des Raumes mit »Feng-Shui-Rosenelixier«. Sie benötigen dafür ein Elixier aus den feinsten Zutaten. Sprühen Sie ein paar Spritzer des Elixiers ins letzte Reinigungswasser, und säubern Sie mit einem nur leicht angefeuchteten Lappen Räume, Möbel und Einrichtungsgegenstände. Nach der Reinigung wird sich die Atmosphäre Ihrer Räume anfühlen wie nach einem erfrischenden Sommerregen. Freunde, die Ihre Wohnung kennen, werden Sie möglicherweise darauf ansprechen, ob Sie neu ausgemalt oder die Möbel verändert haben.

**Wiederholen** Sie diese Reinigung etwa alle zwei bis drei Wochen. Oder noch einfacher: Immer, wenn Sie intuitiv Lust dazu verspüren, im Schnitt wohl alle paar Tage, könnten Sie einfach ein paar Spritzer des Elixiers in die Raumluft sprühen. Ihre Familie wird es Ihnen danken. Die kristallklare, sehr hohe Raumschwingung und der feine Duft werden sich harmonisch auf alle Familienmitglieder auswirken.

*Rosenwasser-Spray können Sie im Fachhandel fertig kaufen (Bezugsquelle Seite 168).*

## Essen ohne Ablenkungen

**VIELE** Einflüsse entscheiden, ob das »Feng Shui Ihrer Nahrung« letztlich förderlich sein wird: Zutaten hoher Qualität, am besten aus naturnaher Produktion, die Energie der Küche, die schonende und liebevolle Verarbeitung und Zubereitung der Speisen, die Stimmung am Eßplatz und die Art und Weise, wie Sie Ihr Mahl zu sich nehmen.

**SELBST** das beste Essen verliert viel an Qi, wenn Sie beim Essen Zeitung lesen, telefonieren, arbeiten oder die Börsenkurse studieren. Können Sie sich überhaupt erinnern, was Sie heute zu Mittag oder gestern zu Abend gegessen haben? Sollten Sie auch nur einen Augenblick gezögert haben und nachdenken müssen, waren Ihre Gedanken nicht mit voller Aufmerksamkeit bei Ihrer Mahlzeit. »Wenn du arbeitest, arbeite, wenn du ißt, iß, und

*Am Eßtisch sollten Buchhaltung, Zeitungslektüre und Börsenkurse tabu sein!*

wenn du liebst, liebe«, sagt ein altes asiatisches Zitat. Nur wer ganz in der Gegenwart, also im »Hier und Jetzt« lebt, kann das Leben genießen und aktiv sein Schicksal steuern. Denn die Vergangenheit ist längst vorbei, und die Zukunft entsteht erst – aus dem Jetzt.

### Genießen mit allen Sinnen

**EIN** Phänomen, das unsere Wissenschaft erst allmählich zu entdecken beginnt: Nahrung besteht aus wesentlich mehr als nur stofflichen Bestandteilen. Wichtig ist vor allem die »energetische Information«. Diese wird hauptsächlich über Schwingungsübertragung weitergegeben. Die Ursache ist Resonanz. Wann immer Sie mit Ihren Gedanken und Gefühlen auf »geistigen Müll« eingestimmt sind, werden die Energien, die Sie aus dem Umfeld anziehen, ebenso niedriger Natur sein: Gleiches zieht Gleiches an. Wenn Sie sich aber dankbar und offen stets auf das Positive, auf die Potentiale einer Situation oder einer Sache einstellen, werden Sie mit allen Sinnen das aufnehmen, was an Gutem in der Umgebung vorhanden ist. Auch wenn es vielleicht auf den ersten Blick pathetisch klingt: Dann wird Ihr Leben zu einem täglichen »Wunder«.

**BEIM** Essen können Sie dreimal täglich diese Einstellung und Haltung üben. Und Sie werden rasch merken, daß nicht nur Ihr Essen ganz anders schmeckt: Es wird sich Ihr ganzes Leben zum Guten hin verändern. Unwichtiges fällt ab, und statt dessen kommt viel Neues und Schönes hinzu. Denn gutes Feng Shui ist mehr als bloß Möbelrücken und geschmackvolles Einrichten, es ist eine Lebenshaltung, die stets darum bemüht ist, aus allem das Beste zu machen. Und das beginnt immer bei Ihnen selbst!

*Zu einem liebevoll zubereiteten Essen gehört auch ein schön gedeckter Tisch.*

# In welcher Bagua-Zone liegt Ihre Küche?

Jeder Platz, jeder Raum Ihrer Wohnung hat seine spezielle energetische Funktion. Ein Feng-Shui-Werkzeug, mit dem Sie die versteckten Energien Ihrer vier Wände eruieren können, ist das »Bagua«.

DAS Bagua ist gewissermaßen ein Spiegel Ihrer Persönlichkeit, es gibt Auskunft über Ihre Stärken und über noch zu entwickelnde Lebensbereiche. Durch gezielte Feng-Shui-Maßnahmen in den jeweiligen Zonen können Sie nun genau jene Energien ansprechen, die Ihnen helfen, sich auf Ihrem Lebensweg effizienter weiterzuentwickeln.

DIE neun Zonen sind Umschreibungen einzelner Lebensbereiche – sie tragen die Namen Karriere, Partnerschaft, Familie, Reichtum, Zentrum oder Tai Chi, Hilfreiche Freunde, Kinder, Wissen und Ruhm. Im Idealfall sollten alle diese Zonen zur Gänze im Grundriß vorhanden sein (jede Etage wird extra betrachtet), was bei rechteckigen oder quadratischen Formen immer der Fall ist.

## Aussage des Bagua

WENN bei Ihnen alle Bagua-Zonen vollständig vorhanden sind, ist das schon eine günstige Ausgangsposition. Dies gibt allerdings zunächst nur darüber Auskunft, daß für alle verschiedenen Lebensabschnitte ein einigermaßen gleichmäßiges Potential in der Anlage vorhanden ist. Nun hängt vieles aber davon ab, wie die einzelnen Abschnitte gestaltet und genutzt werden. Ein vernachlässigter oder übermäßig vollgestellter Raum in der Partnerecke kann beispielsweise auf Belastungen und Probleme in Ihren Beziehungen hinweisen, während das dort liegende schön gestaltete Wohnzimmer, in dem Sie sich häufig und gerne aufhalten, auf eine harmonische und stimmungsvolle Beziehung hindeutet. Denken Sie daran, daß nichts rein zufällig so ist, wie es ist, und auch eine äußere Erscheinung immer auch ein Symbol und ein Hinweis für eine innere Veranlagung ist.

*Als Grundlinie (unten), an der die Felder Wissen, Karriere und Hilfreiche Freunde liegen, gilt die Wand, an der die Eingangstüre liegt.*

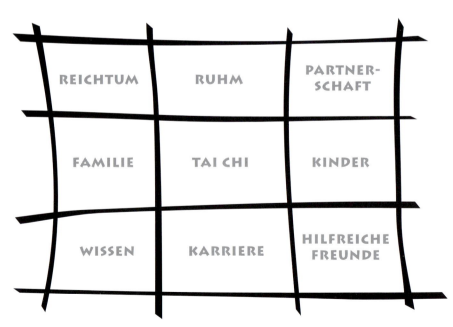

*Optimal, der Eßtisch in der Küche.*

## Bagua und Küche

**Je** nachdem, wo sich die Küche und der Eßplatz innerhalb Ihres Wohnungs-Baguas befindet, kann daraus eine besondere Aussage abgeleitet werden. Denn jede Zone hat eine andere Energiestruktur, und diese wird von der starken Energie der Lebensmittel, des Kochens und des Essens geprägt und überlagert:

### Küche im Bagua der Karriere

**Kennen** Sie solche Momente, in denen sich Ihr Leben auf wunderbare Weise »im Fluß« befindet? Sie brauchen nur den ersten Schritt zu tun – und schon ergeben sich die tollsten Dinge wie von selbst? Diese bereichernde Erfahrung ist eng verknüpft mit dem Karriere-Abschnitt, den Sie in der Mitte der Grundlinie des Baguas finden. Er beschreibt den Fluß Ihres beruflichen und persönlichen Lebens. Und er spiegelt auch wider, wie gut es Ihnen bereits gelingt, Ihre innere Wesenheit mit Ihrem äußeren Leben zu vereinen. Daher sollte dieser Abschnitt in Ihrer Wohnung stets hindernisfrei, offen und »fließend« gestaltet sein.

**Befindet** sich hier Ihre Küche oder der Eßplatz, dann fließt viel »nährendes« und aufbauendes Qi in die Zone Ihres Lebensweges – ein sehr gutes Omen, falls Küche und Eßplatz regelmäßig genutzt werden und auch gut funktionieren. Sorgen Sie für einen größeren Anteil der Farbe Weiß, und bringen Sie etwas Grün, beispielsweise als Zimmerpflanze, ein.

### Küche im Partnerschafts-Bagua

**Wenn** Sie Ihre Beziehungen zu Freunden, Kollegen, Nachbarn und Ihrem Partner verbessern möchten, lohnt sich eine Analyse der vom Eingang aus betrachteten rechten, hinteren Ecke. Um langfristig die zwischenmenschlichen Beziehungen zu fördern, sollten Sie in diesem Bereich alle kaput-

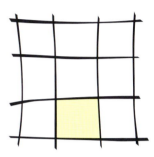

*Bagua der Karriere*

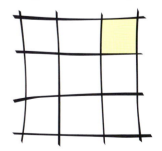

*Bagua der Partnerschaft*

ten, belastenden und störenden Gegenstände entfernen und den Raum gründlich reinigen. Vor allem Symbole von Einsamkeit oder Einzelgängertum haben hier nichts zu suchen, besser sind paarweise angeordnete Dinge.

EINE gut genutzte Küche ist im Partnerschaftsbereich ideal. Zeigt sie doch, daß die Partnerschaft genauso wichtig ist wie regelmäßiges und gutes Essen. Sollten Sie hier aber nur sporadisch kochen oder essen, so fehlt dem Partnerschafts-Bagua ein Teil seiner energetischen Aufladung. Entsprechend mehr Aufmerksamkeit sollten Sie ab nun Ihren Beziehungen – und Ihrer Küche in der Partnerzone – widmen. Förderlich sind etwas Rot und als Materialien Keramik und Terrakotta.

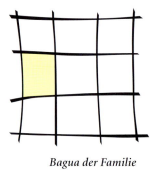

*Bagua der Familie*

## Küche im Bagua der Familie

DIE Familien-Zone liegt links in der Mitte des Baguas und repräsentiert Ihre Herkunft und Ihre Wurzeln, also alles, was vor Ihnen war. Da die Vergangenheit die Basis für Ihre Gegenwart und Zukunft ist, gibt sie auch Hinweise auf Ihre Stärken und Schwächen in der Beziehung zu Ihren Eltern, Ahnen – und auch zu Ihren Vorgesetzten. Die Zone sagt darüber hinaus viel aus über Ihr persönliches Wachstumspotential, weshalb sie so klar wie möglich strukturiert und vor allem nicht mit altem Gerümpel vollgeräumt sein sollte. Ausmisten der nicht mehr benötigten alten Dinge ist daher sehr sinnvoll.

LIEGT die Küche im Bagua der Familie oder befindet sich hier gar der Eßtisch, so scheint Ihnen – zumindest in dieser Wohnung – die Aufarbeitung und Bewältigung Ihrer Vergangenheit leichter zu fallen, und Sie sollten diese Chance auch ergreifen. Je ausgewogener und regelmäßiger Eßplatz und Küche genutzt werden, desto besser ist dies für einen eigenständigen und gleichwertigen Kontakt und Umgang mit den Eltern und den Verwandten. Auch die Beziehung zum Chef oder zu anderen Vorgesetzten kann sich harmonisieren. Halten Sie Ihre Küche stets sauber und aufgeräumt, und integrieren Sie etwas Grünes (zum Beispiel Zimmerpflanzen) oder etwas Hellblaues in die Raumgestaltung.

## Küche im Bagua des Reichtums

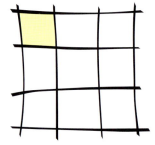

*Bagua des Reichtums*

DAS, was gemeinhin als »innerer Reichtum« bezeichnet wird, aber auch Ihre Finanzen und Ihr Selbstwert zeigen sich in der Bagua-Zone Reichtum. Sie finden sie in der von der Grundlinie aus gesehenen linken hinteren Ecke. Auch die Fähigkeit, in allem, was Sie umgibt und Ihnen widerfährt, eine verborgene Chance und einen tieferen Sinn zu erkennen, ist hier verankert. Dementsprechend viel »Fülle« und »Üppigkeit« verträgt dieser Abschnitt.

JE abwechslungsreicher Sie Ihre Küche in diesem Abschnitt nutzen, desto besser, auch zum Beispiel zum Diskutieren für Sie wichtiger Themen, zum Austauschen von Erfahrungen und um sich gegenseitig zu inspirieren. Wenn Sie darüber hinaus auch das Kochen und das Essen entsprechend zelebrieren, dann stärkt dies die Bagua-Zone des Reichtums. Eine halbgefüllte Schale mit frischem Wasser und schönen Blüten wirkt günstig für das Bagua des Reichtums.

## Küche in der Wohnungsmitte

**Das** Wohnungszentrum (oder Tai Chi) ist Ihre »Energietankstelle« und läßt sich vergleichen mit der Mitte des menschlichen Körpers. Um sich richtig zentriert zu fühlen, ausgeglichen, gesund und kraftvoll, sollte das Tai Chi so frei und offen wie möglich ausgeführt sein – keine Mauern, keine Kamine, keine Abstellräume. Eine luftige, helle und warme Raumgestaltung ist hier ideal.

**Befindet** sich im Tai Chi die Küche, so sollte sie nicht in einem abgeschlossenen Raum liegen, sondern besser ins große Ganze integriert sein. Sie sollte insgesamt sehr »leicht« wirken, wie die hier produzierte Nahrung. Wenn der Eßtisch die Hausmitte markiert, könnte eine auffallende Lampe über dem Tisch oder ein »zentrierendes« Objekt in der Tischmitte (beispielsweise eine Vase oder eine Obstschale) für eine Stabilisierung des Tai Chi sorgen. Hinterlassen Sie den Tisch niemals unordentlich. Integrieren Sie ein helles Gelb und etwas Ton oder Keramik und eventuell auch einen Kristall in Ihr Tai-Chi-Bagua.

## Küche in der Hilfreiche-Freunde-Zone

**Das** Hilfreiche-Freunde-Bagua hat zu tun mit jeder Form spontaner, freiwilliger und hilfreicher Unterstützung. Sie befindet sich an der rechten Ecke der Grundlinie des Bagua und ist die Zone des aktiven Helfens und der empfangenen Hilfe, der gelebten Menschlichkeit, der »zufälligen« Informationen und – wenn man es so will – des höheren Beistandes.

**Eine** gut genutzte Küche in diesem Abschnitt deutet darauf hin, daß Sie wahrscheinlich ein ziemlich ausgeprägtes Netzwerk hilfreicher Freunde in Ihrem Leben haben. Sollten Sie die Küche (Gleiches gilt für den Eßplatz in dieser Zone) auch häufig zum Bewirten von Freunden und Gästen verwenden, so aktiviert dies auch Ihre persönliche Bereitschaft und das Bedürfnis, für andere dazusein, wenn man Sie braucht. Geben und Empfangen ist das große Thema dieses Abschnittes – je mehr »nährende Gaben« Sie in Ihrer Küche für Familie und Gäste bereiten, desto öfter werden auch Sie förderliche Unterstützung in Ihrem Leben genießen können. Die Farben Weiß, Silber, Gold sowie Gelb, Orange und Braun passen hier gut. Gut sind »erdige« oder »metallische« Accessoires wie Kristalle, Keramik oder ein Klangspiel. Bringen Sie hier auch nette Kleinigkeiten an, die Sie an Ihre Freunde und Bekannten erinnern oder die Sie von Ihnen als Geschenk bekamen.

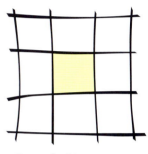

*Bagua des Zentrums*

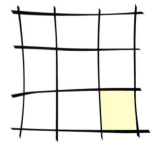

*Bagua der Hilfreichen Freunde*

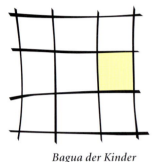

*Bagua der Kinder*

*Bagua des Wissens*

### Küche in der Bagua-Zone Kinder

ALLE Ihre physischen und »geistigen« Kinder, also nicht nur Ihre leiblichen Sprößlinge, sondern auch alles, was mit Ideen, Projekten und Ihrer Kreativität zu tun hat, ist diesem Abschnitt zugeordnet. Er spiegelt zudem Ihr Potential zur Erneuerung und Auffrischung wider.

EINE Küche in der Kinder-Zone wirkt daher inspirierend, und möglicherweise experimentieren Sie auch gerne und überraschen Ihre Gäste und Familienmitglieder mit pfiffigen lukullischen Eigenkreationen. Diese Inspiration und Kreativität wird wahrscheinlich auch Ihr Alltagsleben anstecken, nicht nur im Umgang mit den Kindern, sondern auch als kreative Ideen für Beruf oder Privatleben. Metall und runde Formen (beispielsweise beim Eßtisch) passen gut hierher, ebenfalls günstig sind die Farben »gebrochenes Weiß« sowie zarte Gelbtöne.

### Küche im Bagua des Wissens

DIE Wissens-Zone ist von allen Abschnitten die »stillste«. Sie liegt gleich links an der Grundlinie des Wohnungs-Baguas und repräsentiert einerseits Ihre fachliche Kompetenz und andererseits das, was man gemeinhin als das »innere Wissen« bezeichnet.

JE nachdem, wie Ihre Küche in dieser Zone gestaltet und genutzt wird, zeigt sich Ihr persönlicher Zugang zu Ihrem inneren Wissen: Eine betriebsame, laute und unordentliche Küche deutet darauf hin, daß Sie in der Hektik und Geschäftigkeit des Alltages wohl nur sehr selten Zeit für Ruhe und zum Nachdenken finden, die »Wissensenergie« geht teilweise verloren. Werden die täglichen Verrichtungen in der Küche und auch das Essen aber als etwas Besonderes behandelt, dann fließt hier sehr viel förderliches Qi, was einen direkten Zugang zu Ihrer inneren Stimme unterstützt. Vor allem sollte hier kein Fernseher und kein lärmender Radioapparat seichte Ablenkungen oder Irritationen verursachen. Was positiv wirkt: Leere Gläser und andere leere Behälter fördern die Wissens-Zone, ebenso Stein und Keramik und ein Schuß Rot.

*Günstig für die Wissenszone: leere Gläser.*

### Küche und Ruhm-Bagua

DIE Bagua-Zone Ruhm liegt gegenüber der Grundlinie hinten in der Mitte und hat unter anderem zu tun mit Ihrer Ausstrahlung, Ihrem Charisma und folglich auch damit, wie Sie von anderen wahrgenommen und beurteilt werden. Wenn in dieser Zone alles stimmt, können Sie andere allein durch Ihre Präsenz und Ausstrahlung begeistern und animieren, und Sie zeichnen sich durch ein selbstbewußtes Auftreten aus.

IM Prinzip liegt die Küche hier besonders günstig. Sie sollte allerdings eine ausgewogene Gestaltung nach allen 5 Elementen erhalten und vor allem nicht die Feuerenergie (zum Beispiel die Farbe Rot) zu sehr betonen. Strahlende und schöne Dinge sollten zusätzlich zu den funktionalen Einrichtungsgegenständen die Küche oder den Eßplatz aufwerten. Frische Blumen sind ein Muß!

*Bagua des Ruhms*

*Gemeinsames Kochen tut jeder Beziehung gut.*

## Mit Achtsamkeit zu Qi und mehr Lebensfreude

Je liebevoller und sorgsamer Sie mit Ihrer Küche, den einzelnen Zutaten und, am allerwichtigsten, mit sich selbst umgehen, um so mehr Lebensenergie werden Sie daraus schöpfen. Verführen Sie gelegentlich auch Ihren Partner und die Kinder zu einem gemeinsamen Marktbummel und zum gemeinsamen Kochen. Je intensiver sich jeder einzelne mit dem Einkaufen, mit dem Kochen, vielleicht aber auch mit der harmonischen Raumgestaltung auseinandersetzt, desto mehr Wert wird ab nun auch der Nahrung – und deren Energie – beigemessen. Wer mit Freude und Aufmerksamkeit einkauft, kocht und ißt, hat im Endeffekt wesentlich mehr davon, denn immer dort, wo das Bewußtsein und die Freude ist, da ist auch das Qi. Viel Spaß, Kraft und Gesundheit aus und mit Ihrer Feng-Shui-Küche!

Jeder Organismus, jeder Mensch besitzt 5 Elemente: Holz, Feuer, Erde, Metall und Wasser. Und jedes Nahrungsmittel ist einem (oder mehreren) dieser Elemente zuzuordnen. Ob Sie sich nach dem Essen fit und energiegeladen oder leer beziehungsweise übersättigt fühlen, hängt nicht zuletzt von der Komposition der 5 Elemente Ihrer Mahlzeit ab. Weil energetisch wertvolle Ernährung nach den Regeln der 5-Elemente-Küche nicht nur gesund ist, sondern auch zum Genießen einlädt, hat sie rasch viele Freunde gefunden. Ihr Körper zeigt Ihnen den Weg: Fühlen Sie sich gut, dann hat Ihnen Ihre Nahrung genügend Energie gespendet. Wenn Sie nach dem Essen frieren oder müde sind, waren die Lebensmittel nicht ausgewogen oder energetisch »leer«.

Mit den Rezepten der nun folgenden Kapitel versorgen Sie jedes Ihrer Elemente und fördern den Fluß Ihrer Lebenskraft Qi. Ihr Körper wird es Ihnen danken, und auch Ihre Stimmung wird sich heben. Denn der Mensch setzt sich aus lebendigen Energien zu einer Ganzheit zusammen, und alles, was Sie von außen hinzufügen, kommt diesem Ganzen zugute.

Dieses Buch bietet Ihnen wertvolle, gesunde Nahrungsvorschläge, Rezepte, die den Heilungsprozeß bei Krankheiten beschleunigen und generell die Gesundheit fördern, sowie Gerichte, von denen Sie auch bei Gewichtsproblemen reichlich essen können – Genuß ohne Reue. Dafür sorgen Harmonie in der Küche und ausgewogene Kompositionen aus den 5 Elementen auf dem Speiseplan. Wir wünschen Ihnen guten Appetit!

*Dr. med. Ilse-Maria Fahrnow* *Jürgen Fahrnow*

# Tanz des Kosmos – Lebendige Energie

Alle Erscheinungsformen des Kosmos bestehen aus Lichtenergie. In einer fließenden Bewegung durchströmt sie alle Formen der sichtbaren und der unsichtbaren Welt. Sie spüren sie in Ihrem Körper, wenn Sie glücklich entspannt und voller Lebensfreude sind. Empfinden Sie Schmerz, ist Ihr natürlicher Energiefluß blockiert.

## Oben wie unten – innen wie außen

VOR einigen tausend Jahren wurde in China die Lehre von Energie und Lebendigkeit beschrieben, und seit etwa hundert Jahren bestätigen Naturwissenschaftler die Grundlagen dieses Modells.

MENSCH und Umwelt sind eins, sagt ein chinesisches Sprichwort. Und so, wie Sie mit Hilfe von Feng Shui Ihre Wohnung, Ihre Küche und Ihren Eßplatz harmonisch gestalten, können Sie mit Hilfe einer ausgewogenen Ernährung Ihre Energie und Lebensfreude steigern. Die äußere Harmonie wird dann zur inneren Harmonie, und Ihr Körper beschenkt Sie mit Gesundheit und Wohlbefinden.

## Ausgewogenheit ist wichtig

GESUND ist der Mensch nach chinesischem Verständnis dann, wenn sein Organismus reichlich lebendige Energie besitzt, die im Rhythmus von Tag und Nacht und im Rhythmus der Jahreszeiten harmonisch fließt. Ein Mangel an dieser Energie erzeugt Müdigkeit und Antriebslosigkeit, und langfristig kann daraus auch Krankheit entstehen.

MANCHE Menschen haben zwar genügend Energie, aber diese staut sich in bestimmten Körperbereichen. Anspannung und Schmerz sind die Folgen dieser Blockaden. Wie bei einem Verkehrsstau in den großen Stadtzentren muß dann durch geschickte Maßnahmen der Fluß wiederhergestellt werden. Die richtig ausgewählte und liebevoll zubereitete Nahrung kann Ihren Energiemangel auffüllen und Energieblockaden lösen.

WENN Sie sich oft müde fühlen, rasch erschöpft sind und schnell frieren, helfen Ihnen Speisen, die Energie aufbauen (siehe z. B. Seite 139), und Lebensmittel aus den Rubriken »heiß« und »warm« (siehe Tabelle Seite 59 ff.).

LEIDEN Sie dagegen an Gereiztheit und Spannungen oder sogar Schmerzen, helfen Ihnen »kühle« und »kalte« Lebensmittel, besonders aus dem Holzelement. Rezepte mit dem Vermerk »Gibt der Leber neue Energie« (siehe z. B. Seite 70) können körperliche und seelische Spannungen lösen helfen.

# Yin und Yang in der Nahrung

Die Begegnung von Yin und Yang spendet Leben: Vom Augenblick der Zeugung an fließen diese Kräfte in Ihrem Organismus. Am besten fühlen Sie sich, wenn beide Kräfte in Ihrem Körper gleich stark sind und sich die Waage halten.

**ÜBERWIEGT** das Yin in Ihrem Organismus, fühlen Sie sich
- rasch kühl, Sie frieren leicht,
- müde und energielos,
- bedürftig für warme Speisen und warme Kleidung,
- möglicherweise leicht aufgedunsen und geschwollen,
- öfter deprimiert und antriebslos.

**ÜBERWIEGT** das Yang in Ihrem Organismus, fühlen Sie sich
- rasch überhitzt und verschwitzt,
- energiegeladen und unruhig,
- bedürftig für kühle Speisen und reichlich Getränke,
- möglicherweise ausgetrocknet an Haut und Schleimhaut,
- öfter gereizt und angespannt.

*Zuviel Yin führt zu Müdigkeit, Energiemangel, Kältegefühl, Wassereinlagerungen oder Stauungen.*

*Zuviel Yang führt zu Energieüberschuß, Unruhe, Hitzegefühl und Trockenheit.*

### Das Zusammenspiel der Energien

**Im** gesunden Zustand sollen Yin und Yang zusammenarbeiten wie zwei Tennisspieler, die den Ball möglichst lange in Bewegung halten wollen: ein anmutiges Spiel, bei dem es um Gleichklang, nicht um den Sieg geht. Wird einer der Partner stärker und drängt auf Gewinn, stört er die Harmonie. Auch im menschlichen Körper kann es geschehen, daß Yin und Yang den Gleichklang verlieren. Anfangs überwiegt dann vielleicht einer der Partner. Nach langer Zeit trennen sich dann Yin und Yang und geben den harmonischen Fluß auf. Yang hält sich seiner Natur entsprechend in der oberen Körperhälfte auf. Yin sinkt nach unten.

*Yin und Yang haben sich nach länger bestehendem Ungleichgewicht geteilt. Dies führt zu Hitze im oberen Körper, Kälte und Kraftlosigkeit im unteren Körper sowie zu Gereiztheit und Antriebslosigkeit.*

### Wenn das Gleichgewicht verlorengeht

**Im** Zustand der getrennten Energien fühlen Sie sich
- im oberen Körper heiß und angespannt,
- im unteren Körper kalt und energielos,
- abwechselnd oder gleichzeitig bedürftig für warme und kalte Speisen,
- abwechselnd oder gleichzeitig gereizt und antriebslos.

**Dies** alles zeigt an, daß Yin und Yang schon vor längerer Zeit ihr ausgewogenes Wechselspiel verloren haben. Um die beiden Kräfte wieder in den harmonischen Fluß zu bringen, sollten Sie am besten einen Fachtherapeuten der Traditionellen Chinesischen Medizin (TCM) aufsuchen. Neben den Empfehlungen für eine ausgewogene Ernährung wird er Ihnen vermutlich verschiedene Schritte aus dem Gesamtkonzept der TCM vorschlagen.

**Um** schon bestehende Krankheiten zu behandeln, führen Fachtherapeuten der TCM eine genaue Analyse durch. Damit wird festgestellt, wie sich Ihre Energien in den einzelnen Organen, d. h. Elementen, verteilen. Oft weist ein Element einen Mangel auf, während ein anderes an gestauter Energie leidet. Zu empfehlen ist dann Kühlung für das gestaute und Erwärmung für das geschwächte Element.

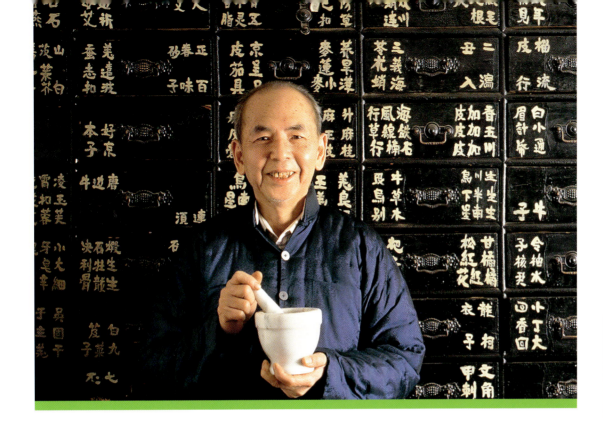

*Ein Apotheker in China stellt die Medizin für jeden Kunden individuell zusammen.*

# Die Traditionelle Chinesische Medizin

**Seit** alters wird den Diätärzten in China besonderer Respekt entgegengebracht. Mit Hilfe der Nahrung lassen sich nämlich sehr gute vorbeugende und schützende Schritte für die Gesundheit tun.

**Erst** wenn Krankheit, d. h. die Disharmonie von Yin und Yang, sich einnisten konnte, werden zusätzliche Maßnahmen zur Heilung nötig. Sollten Sie Zeichen einer Krankheit oder eines Ungleichgewichtes von Yin und Yang bei sich beobachten, empfiehlt sich auf jeden Fall der Besuch bei einer entsprechenden Fachärztin oder einem Facharzt.

**Nur** ein komplexer Therapieplan hilft im Fall von einer akuten oder chronischen Krankheit grundsätzlich. Da der Mensch in jedem Augenblick sowohl körperlich als auch seelisch und mental reagiert, wirken die regulierenden Maßnahmen dieser Behandlung immer gleichzeitig auf mehreren Ebenen: auf körperlicher, geistiger und seelischer Ebene.

## Therapieplan der TCM

**Zu** einem umfassenden Therapieplan der Traditionellen Chinesischen Medizin gehören folgende Methoden:

➤ Akupunktur und Moxabehandlung,
➤ Pflanzenheilkunde (Phytotherapie),
➤ spezielle Massagen (zum Beispiel Tuina),
➤ Bewegungsübungen (zum Beispiel Qi Gong),
➤ Ernährungsempfehlungen.

## Lebensmittel und das Wechselspiel der Kräfte

YIN und Yang gestalten durch ihr polares Wechselspiel nicht nur die beobachtbaren Phänomene unseres Körpers. Alle Erscheinungen im Kosmos lassen sich diesen beiden voneinander abhängigen und miteinander in Wechselwirkung stehenden Kräften zuordnen. Auch unsere Lebensmittel besitzen ein unterschiedliches Maß an Yin oder Yang. Je nachdem, welche Wirkung ein Lebensmittel in Ihnen erzeugt, können Sie diese Yin- oder Yang-Qualität bestimmen.

### Yin-Nahrung

YINHALTIGE Speisen eignen sich für die immer aktiven, heißblütigen Kraftmenschen. Beweglich und leistungsstark sind sie auf Entdeckungsreise und nehmen gern auch einmal eine Aufgabe mehr an, als sie vielleicht brauchen und auch bewältigen können. Entspannen und loslassen fallen ihnen dagegen schwer. Nahrung mit Yin-Charakter öffnet die Tür zur Muße. Sie können sich ausruhen und neue Energien tanken.

*Enthält das Lebensmittel mehr Yin, fühlen Sie sich nach dem Verzehr*
➤ *erfrischt und ruhig,*
➤ *körperlich kühler und*
➤ *gut befeuchtet.*

## Yang-Nahrung

**Yanghaltige** Speisen bekommen besonders gut den rasch frierenden, müden und erschöpften Naturen. Egal, ob Sie sich durch Krankheit, zuviel Arbeit oder seelische Anstrengung erschöpft haben: Ihr Qi füttern Sie durch wärmende, yangbetonte Speisen. Lebensmittel der Rubriken heiß, warm und neutral bringen Sie ins Gleichgewicht. Auch die Zubereitungshinweise im nächsten Kapitel können Ihnen helfen.

**In** unserem oft kühlen Klima gibt es etwa viermal so viele Menschen mit Yang-Bedarf als solche mit Yin-Bedarf. Hinweise gibt Ihnen Ihr Körper: Wenn Sie sich angenehm warm fühlen, stimmt die Yin-Yang-Zusammensetzung Ihrer Speisen.

*Enthält das Lebensmittel mehr Yang, fühlen Sie sich nach dem Verzehr*
- *erwärmt und angeregt,*
- *körperlich wärmer und*
- *trockener an Haut und Schleimhaut.*

## Die Zuordnung der Nahrungsmittel

**Jedes** Lebensmittel enthält eine natürliche Zuordnung zu Yin oder Yang. Trockene Speisen, bei deren Genuß Ihnen heiß wird (z. B. Chili), enthalten viel Yang. Feuchte Speisen, die Sie erfrischen und kühlen (z. B. eine Melone) enthalten viel Yin. Die Yin- und Yang-Eigenschaften eines Lebensmittels nennt man in der TCM Thermik. Ab Seite 59 finden Sie eine Zuordnung der wichtigsten Lebensmittel zu Yin (kühl) und Yang (heiß). Lebensmittel mit ausgewogener Thermik (ebensoviel Yin wie Yang) erscheinen in der Spalte (»neutral«).

*Indem Sie Ihre Nahrung erhitzen, fügen Sie ihr Yang zu.*

## Die Zubereitung der Speisen

**Durch** die Nahrungszubereitung können Sie den Yin- oder Yang-Gehalt eines Lebensmittels beeinflussen. So ist es möglich, daß Sie auch die Speisen genießen können, die Ihrem Typ sonst nicht bekommen würden.

### Yangisieren

**Um** ein Yin-betontes Lebensmittel mit Yang zu füllen, sollten Sie
- die Nahrung vor der Zubereitung zerkleinern (siehe Seite 57),
- durch Kochen oder Braten Yang (Hitze) zuführen,
- durch längeres Erwärmen Feuchtigkeit reduzieren,
- Gewürze mit Yang-Charakter (z. B. Ingwer) hinzufügen.

### Yinisieren

Um ein Yang-betontes Lebensmittel mit Yin zu füllen, sollten Sie
- auf kurze Koch- und Garzeiten achten,
- Feuchtigkeit (Yin) hinzufügen (z. B. Soßen),
- Kräuter mit Yin-Charakter zufügen (z. B. kühlende Minze).

*Mehr Yin erhält die Speise durch Flüssigkeitszugabe.*

### Hören Sie auf Ihren Körper!

Erinnern Sie sich noch an den Speiseplan Ihrer Großeltern? Viele dieser Gewohnheiten entsprechen dem chinesischen Modell von Yin und Yang.

Ob Sie in Ihrem Speiseplan mehr Yin- oder mehr Yang-Anteile benötigen, zeigt Ihnen Ihr Körper. Belohnen Sie ihn für seine Dienste, indem Sie ihm Aufmerksamkeit schenken. Viele Menschen haben im Sommer ein größeres Bedürfnis nach Obst und Salat. Im Winter wünschen sie sich dagegen ein heißes Getränk, eine warme Suppe und lange geköchelte Bratenstücke.

Ihr Körper besitzt Weisheit und verlangt den Ausgleich von Yin und Yang. In den meisten traditionellen Kulturen der Erde ist das Wissen um diese natürliche Regulation vorhanden. Auch in Europa pflegten viele Familien bis zur Mitte des zwanzigsten Jahrhunderts diese Gewohnheiten.

# Die 5 Elemente im Körper

Holz, Feuer, Erde, Metall und Wasser: Alle Erscheinungen des Kosmos stellen aus chinesischer Sicht eine Komposition dieser 5 Elemente dar. So besteht auch Ihr Organismus aus diesen 5 Kräften.

## Der Fütterungs- und Kontrollzyklus

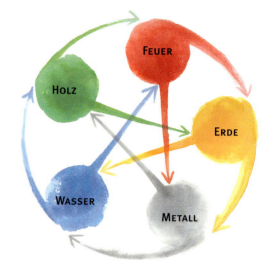

IM gesunden Zustand sind alle Elemente gleich stark in Ihnen. Sie füttern sich gegenseitig mit Energie und achten darauf, daß keines zu mächtig wird.

DER äußere Kreis dieses Zyklus zeigt den Energieverlauf im Uhrzeigersinn. Jedes Element füttert das ihm nachfolgende mit Energie. Und jedes Element kontrolliert das ihm als übernächstes folgende vor zu großer Dominanz (innere Pfeile). So sind alle 5 Elemente auf vielfältige Art miteinander verbunden.

| Element | Organ | Gefühl | Jahreszeit | Farbe | Form | Geschmack | Himmelsrichtung |
|---|---|---|---|---|---|---|---|
| Holz | Leber Gallenblase | Wut | Frühling | Grün Blau | hoch zylindrisch | sauer | Osten |
| Feuer | Herz Dünndarm | Freude | Sommer | Rot | spitz scharf | bitter | Süden |
| Erde | Milz/ Pankreas Magen | Sorgen | Spätsommer | Ockergelb | flach | süß | Mitte |
| Metall | Lunge Dickdarm | Trauer | Herbst | Weiß | rund | scharf | Westen |
| Wasser | Niere Blase | Angst | Winter | Schwarz | gewellt | salzig | Norden |

## Was bewirken die Elemente im Körper?

**Die** Zuordnungstabelle der 5 Elemente zeigt Ihnen, was alles Sie mit einem bestimmten Geschmack in Ihrer Speise beeinflussen können: Der saure Geschmack unterstützt Ihr Leber-Galle-System und lindert Wut und Reizbarkeit. »Sauer macht lustig«, sagen wir in unserem Kulturkreis. Der saure Hering nach einer durchzechten Nacht hilft der belasteten Leber und macht den Kopf frei. Der bittere Geschmack schenkt Ihrem Herzen Energie und Ihrem Seelenleben Freude. Denken Sie z. B. an eine gute Tasse Kaffee: Sie regt das Herz-Kreislauf-System an und hebt die Laune. Süßes füttert Ihre »Mitte«: Milz, Bauchspeicheldrüse und Magen beruhigen sich, und Ihre Gedanken werden zuversichtlich. Pikante Speisen nähren die Körperbereiche Lunge und Dickdarm. Traurige und depressive Gefühle beginnen zu fließen, Abschied und Neubeginn wird möglich. Das Salz des Lebens schließlich stärkt die Nieren und schenkt Ihnen ein Gefühl von Sicherheit und Zuversicht.

### Alle Elemente sind wichtig

**Nun** ist klar, warum Ihre Nahrung möglichst ausgewogen komponiert sein sollte: Indem Sie jede Geschmacksrichtung in Ihre Speisen aufnehmen, versorgen Sie jedes Ihrer Elemente und damit auch alle wichtigen Organe und Gefühle.

## Die 5 Elemente in der Natur

**In** jeder Jahreszeit regiert ein Element die Kräfte des Kosmos besonders. Auch Ihr Körper und Ihre Seele sind davon beeinflußt. Bestimmt haben Sie schon beobachtet, daß manche Krankheiten oder Stimmungen gehäuft in einer Jahreszeit auftreten. z. B. Heuschnupfen im Frühjahr, Asthma und Erkältungen im Herbst, Depressionen ebenfalls im Herbst, Nieren- und Blasenentzündungen im kalten Winter.

**Wenn** Sie den natürlichen Wachstumsrhythmus der Pflanzen beobachten, werden Sie entdecken, daß er dem Kreislauf der 5 Elemente entspricht. Viele Pflanzen bzw. Früchte wachsen genau in der Jahreszeit ihres Elementes. Die Natur hat für ihre Lebewesen gesorgt: Die Nahrung wächst dann, wenn wir sie am dringendsten benötigen.

**Löwenzahn** entlastet die Leber, gehört zum Holzelement und wächst im Frühjahr. Weißkohl unterstützt die Nieren, hat im Winter Hauptsaison und versorgt den Menschen in der kalten Jahreszeit mit den jetzt notwendigen Vitaminen. Nur wer den modernen Export-Import-Strategien folgt und alle Lebensmittel zu jeder Jahreszeit konsumiert, durchbricht diesen Rhythmus. Folgen Sie der Natur, und lassen Sie sich von ihrer unendlichen Weisheit unterstützen!

*Der Geschmack eines Lebensmittels zeigt Ihnen an, zu welchem Element es gehört. Saure Speisen gehören zum Holzelement, bittere zum Feuerelement, süße zum Erdelement, scharfe Speisen zum Metallelement und salzige zum Wasserelement.*

# Wertvolle Nahrung – Bewußte Zubereitung

Koch oder Köchin erfuhren im traditionellen China eine besondere Wertschätzung. Die Küche und der Eßplatz waren Zentrum der Gemeinschaft. Durch das gemeinsame Genießen einer guten, ausgewogenen Mahlzeit wuchsen Frieden, Harmonie und Gesundheit in der Familie.

## Wie der Koch, so die Speise

KÖCHIN oder Koch, so glaubte man im alten China, bringen ihren Geist in die von ihnen zubereitete Speise ein. Je liebevoller, reifer und aufmerksamer der Koch, desto wohltuender das Mahl aus seiner Hand. In den buddhistischen Klöstern wurden deshalb nur die in ihrer Entwicklung fortgeschrittenen Mönche zum Dienst in der Küche zugelassen. Der Küchenmeister des Klosters hatte die Aufgabe, mit den Nahrungsmitteln umzugehen, »als wären sie seine Augäpfel«. Achtsam, behutsam, konzentriert und würdevoll sollte er arbeiten. Als Belohnung schenkte ihm sein Dienst die Chance zu weiterem Wachstum.

JE mehr Freude in der Küche, um so kostbarer die Speisen!

*»Liebe und Fürsorge für andere erneuert das Herz.«*
*(Chinesisches Sprichwort)*

## Kochen im Zyklus

UM wirklich alle Organ- und Gefühlsbereiche gut zu versorgen, sollten Sie in jeder Speise alle 5 Elemente einfügen. Während des Kochens folgen Sie dem Rhythmus des Elementekreises. Diese sehr aufmerksame Kochkunst heißt in der TCM »Kochen im Zyklus«.

ALLE Rezepte dieses Buches sind im Zyklus der Elemente komponiert. Indem Sie die Rezepte in lukullische Mahlzeiten verwandeln, werden Sie im Laufe der Zeit zunehmend vertrauter mit dem Elementekreis. Je öfter Sie übrigens während eines Kochvorganges diesen Kreis durchschreiten, um so mehr steigert sich die dynamische Energie in Ihrer Speise.

## Formen und Farben: Das Auge ißt mit

DEN 5 Elementen sind auch jeweils eine Farbe (siehe Tabelle Seite 48) sowie eine geometrische Form zugeordnet, die auch in der Küche eine Rolle spielen.

**MIT** Hilfe von verschiedenen Messern können Sie z. B. Ihr Gemüse und Obst entsprechend der Elementeform zerschneiden. Eine ästhetisch zubereitete Speise stimuliert die Magensäfte und weckt Vorfreuden auf den kommenden Genuß (»Das Auge ißt mit«). Tief innen verstehen die allermeisten Menschen die symbolische Bedeutung von Form und Farbe. Moderne Untersuchungen haben gezeigt, daß die Elementezuordnungen des traditionellen China auch von Angehörigen des westlichen Kulturkreises intuitiv aufgenommen werden.

**LASSEN** Sie deshalb Ihre Mahlzeit ein Fest der Sinne sein, und beginnen Sie schon bei der Vor- und Zubereitung damit. Denn die Vorfreude auf das Mahl und die Offenheit fürs Essen unterstützen die Verdauung und hinterlassen sozusagen eine Leuchtspur der Erinnerung in Ihnen und in Ihren Gästen!

## Kochen als Fest

**EBENSO,** wie Sie Ihre Küche und Ihren Eßplatz nach den Anregungen des Feng Shui zunehmend harmonischer und wohltuender gestalten, können Sie Schritt für Schritt Ihre eigene Freude und Aufmerksamkeit während des Kochens steigern. Innen und Außen kommen dann immer mehr in eine harmonische Übereinstimmung. Ihre Lebenskraft Qi fließt gleichmäßig und vermehrt Ihr gutes Gefühl.

*Konzentriert und voll Freude helfen Kinder bei der Zubereitung von Mahlzeiten.*

### Lernen Sie von den Kindern!

**HABEN** Sie einmal erlebt, wie aufmerksam und glücklich Kinder in der Küche helfen, wenn man es ihnen gestattet? Kinder können uns die richtige Einstellung, den Geist des Tao zeigen. Hingebungsvoll mit allen Sinnen, freudig und geduldig üben sie so lange, bis sie erfolgreich sind. Dabei machen sie aus allem eine Entdeckungsreise, auch aus den Fehlern und Irrtümern. Kochen und Backen ist ein Fest. Danach folgt die Mahlzeit als weiteres Fest.

# Nahrung als Dank für Ihren Körper

**Gesundheit und Wohlbefinden zu erreichen, ist für die meisten Menschen ein wichtiges Ziel.**

## Ihr Zielzustand

Sie erkennen Ihren Zielzustand daran, daß Sie
➤ sich fröhlich und energiegeladen fühlen,
➤ eine angenehme Körpertemperatur spüren,
➤ mit sich selbst und Ihrer Umgebung im harmonischen Gleichgewicht sind.

## Sich selber kennenlernen

Sollten Sie diesen Lebensgenuß bisher noch nicht oder nur zu selten kennen, dann lohnt es sich, den Weg dahin zu finden. Schrittweise und geduldig können Sie mehr Harmonie in Ihr Leben integrieren. Die chinesische Tradition hält viel von Gelassenheit und wenig von Zwang und Rechthaberei. »Jede Reise von eintausend Meilen beginnt mit einem Schritt«, besagt ein altes chinesisches Sprichwort. Indem Sie sich auf die Reise begeben, erleben Sie eine Entdeckungsreise zu sich selbst. Wer bin ich? Was tut mir gut? Was begehre ich, obwohl ich mich damit nicht wohl fühle? Wie zeigt mir mein Körper seine Wünsche an? Was hindert mich daran, ihm diese Wünsche zu erfüllen? Kann und will ich Veränderungen in meinem Leben erreichen?

## Konkrete Ziele erleichtern den Weg

»Ich würde ja gern, aber …«, denken Sie vielleicht beim Lesen dieser Zeilen. Hat Ihr Ziel schon genug Anziehungskraft für Sie? Vielleicht nehmen Sie sich einmal einige Minuten Zeit und basteln sich in Ihrer Vorstellungskraft ein wirklich wunderschönes Ziel. Leuchtend, attraktiv, anziehend soll es sein, damit Sie wirklich gern darauf zugehen und Lösungen für jedes Wenn und Aber finden. Haben Sie Lust auf einen Vorgeschmack?

Es ist im Monat … des Jahres … (wann soll Ihr Ziel Wirklichkeit sein?). Sie sehen sich selbst in Ihrer Wohnung, die mit den Anregungen des Feng Shui hell, gemütlich und einladend geworden ist. Sie gehen in die Küche, mit Vorfreude aufs Kochen. In Ihrer Küche fühlen Sie sich richtig wohl. Sie freuen sich über die Lebensmittel, die Sie nun zubereiten wollen, nehmen das eine oder andere in die Hand, riechen daran, betrachten Form und Farbe und danken Mutter Erde für ihre Geschenke. Sie stimmen sich auf Ihre Familie ein, für die Sie kochen wollen, auf Gäste vielleicht, oder einfach auf sich selbst und die liebevolle Gestaltung eines Abends mit sich. Sie fühlen, daß Sie selbst es sich wert sind und daß auch Ihre Gäste bzw. Ihre Lieben zu Hause es Ihnen wert sind, sie mit Aufmerksamkeit und Liebe zu beschenken. Sie nehmen sich gern Zeit dafür und haben es geschafft, Ihren täglichen Zeitplan so einzurichten. Alles ist im Fluß. Sie haben Hektik und Druck aus Ihrem

*Blumen schaffen eine sanfte, sinnliche Atmosphäre – das Qi hat eine besonders wohltuende Qualität.*

Leben verabschiedet und genießen Ihre Vitalität und Lebensfreude. Selbstverständlich gelingt Ihnen in diesem Zustand die Zubereitung eines köstlichen Menüs ganz einfach.

SCHLIESSLICH erleben Sie sich und vielleicht auch Ihre Gäste beim Genuß dieser gesunden, kraftspendenden, wohlschmeckende Speise. Sie hören die anerkennenden Kommentare, atmen den Duft aller Köstlichkeiten, freuen sich am Anblick der harmonisch gestalteten Teller und genießen vor allem das glückliche Strahlen, das Sie bei sich und Ihren Gästen fühlen und sehen können. Innen und Außen sind im Einklang. Ihr Körper bedankt sich bei Ihnen durch Gesundheit und Energie.

ZU schön, um wahr zu sein? Wenn Sie sich entscheiden, heute einen ersten Schritt zu tun, wird Ihre Tausend-Meilen-Reise Sie eines Tages ans Ziel tragen!

## Welche Nahrung ist die richtige für Sie?

SUCHEN Sie Ihre Lebensmittel und die jeweilige Zubereitungsform nach der energetischen Ausgewogenheit aus, damit Ihr Energiehaushalt sich immer im Gleichgewicht befindet.

NACH den Regeln der TCM soll die Nahrung
➤ ausgewogen sein,
➤ eine energetische Balance erzeugen,
➤ jahreszeitlich und regional produziert sein.

## Energetische Balance in der Ernährung

WIE können Sie erkennen, ob Ihre Nahrung energetisch gut balanciert ist? Ihr Körper ist ein sich selbst regulierendes, vernetztes System. Mit bewunderungswürdiger Klugheit bügelt er die Folgen von Fehlernährung, Überanstrengung oder Umweltschäden über lange Zeit aus. Haben Sie ihn aber zu lange ohne Aufmerksamkeit und Fürsorge gelassen, so beginnt er, Ihnen Zeichen zu geben:
➤ anhaltende seelische Verstimmungen,
➤ Heißhunger auf bestimmte Speisen,
➤ Krankheiten,
➤ Müdigkeit, Antriebslosigkeit und/oder Schlafstörungen,
➤ Streßgefühle und/oder Gereiztheit,
➤ häufige Konflikte in menschlichen Beziehungen.

DIESE Zeichen haben den Charakter eines Stoppschildes im Straßenverkehr. Wenn Sie jetzt innehalten, sich einen Überblick verschaffen und dann mit besonderer Aufmerksamkeit weiterfahren, helfen Sie Ihrem Organismus, die Balance wiederzufinden. Eine gut ausgewogene Nahrung schenkt Ihnen Fitneß, angenehme Körperwärme und Zufriedenheit. Heißhunger und Kältegefühl kurz nach dem Essen zeigen im Gegenteil Energiemangel an.

*»Die Nahrung soll passen wie ein gut geschnittener Anzug.«*
*(Chinesische Weisheit)*

## So wird's gemacht

**ENERGIEVOLL** wird Ihre Nahrung, wenn Sie
- frische und ökologisch angebaute Produkte einkaufen, die aus Ihrer Region stammen;
- täglich mindestens eine gekochte Mahlzeit genießen (bei Müdigkeit, Schwäche und Antriebslosigkeit und bei länger bestehender Krankheit sollten es zwei bis drei warme Mahlzeiten sein);
- Tiefkühlkost nur in Ausnahmefällen als kleinen Anteil am Speiseplan akzeptieren (Kälte schwächt Ihr Wasserelement, auch wenn Sie die Speisen auftauen und erhitzen);
- auf den Gebrauch der Mikrowelle verzichten;
- als Yin-Typ öfter Speisen der Yang-Seite wählen (siehe Seite 59 ff.);
- als Yang-Typ öfter Speisen der Yin-Seite wählen (siehe Seite 59 ff.);
- wenn Fett, dann möglichst nur solches mit ungesättigten Fettsäuren verwenden (z. B. kaltgepreßte Nußöle und Olivenöl, Gänseschmalz, Avocado);
- auf genügend basische Anteile im Speiseplan achten (basisch oder neutral wirken u. a. Gemüse, Getreide, Reis, Kartoffeln, Keimlinge; säuernd wirken u. a. Alkohol, Fleisch, Brot, Kaffee, Tee, Süßigkeiten);
- Ihrem Körper mit dem Speiseplan Abwechslung schenken;
- sich für die Zubereitung und den Genuß Ihrer Mahlzeiten Zeit und Muße gönnen.

## Die Nährwerte

**IM** Unterschied zur westlichen Medizin spielt die Zusammensetzung der Nahrung hinsichtlich ihrer Inhaltsstoffe in der chinesischen Tradition keine Rolle. Vitamine, Spurenelemente, Eiweiße oder Kohlenhydrate interessieren wenig. Nährwert ist nur sinnvoll, wenn er vom Organismus verwertet wird. Es hängt von Ihrer Konstitution ab (Yin oder Yang?), welche Speisen Ihr Organismus am ehesten verwertet.

**DIE** ernährungsphysiologisch gesehen wertvolle Karotte läuft unverdaut durch Ihren Körper, wenn Sie als Yin Typ zu wenig »Verdauungshitze« im Oberbauch produzieren. Damit Sie überhaupt etwas von den guten Inhaltsstoffen nutzen können, sollten Sie durch Zerkleinern und Kurzgaren des Gemüses eine Art »Vorverdauung« durchführen. Eine ganz einfache Beobachtung zeigt Ihnen, was Sie brauchen: Fühlen Sie sich nach Ihrer Mahlzeit gebläht, aufgedunsen und schlapp? Dann war sie nicht ausreichend »vorverdaut«, d. h. gekocht.

**DER** angeblich typische »Energieknick« nach dem Essen zeigt lediglich einen Energiemangel in der Nahrung an. Die für Sie passende 5-Elemente-Mahlzeit (yangisiert für den Yin-Typ und yinisiert für den Yang-Typ) macht Sie so fit, daß Sie nach dem Essen gern Ihre Arbeit fortsetzen! Sie fühlen sich wohlgenährt und zufrieden statt schlapp und »übersättigt«.

*Entspannung, ausgewogene energiereiche Nahrung und eine gesunde Lebensweise sorgen für ein Rundum-Wohlgefühl.*

## Versorgen Sie sich mit ausreichend Qi!

DIE Lebenskraft Qi ist das Elixier, das Ihnen Energie, Freude und glückliche Beziehungen schenkt. Aus traditionell chinesischer Sicht erhält der Mensch bei seiner Geburt eine bemessene Portion Qi als Erbe für seinen Lebensweg. Ist sie aufgebraucht, endet auch sein Leben. Doch durch gute Luft und gute Nahrung läßt sich das Qi immer wieder auffüllen. Zuviel Arbeit, Kummer, Konflikte, übertriebener Gebrauch von Genuß- und Suchtmitteln, Dauerstreß, Schlafmangel, Umweltgifte u. a. verbrauchen jedoch das Qi besonders stark.

WÜNSCHEN Sie sich ein langes und vor allem gesundes Leben voller Energie, dann lohnt sich der Tausend-Meilen-Weg zum Feng Shui der 5-Elemente-Küche. Auch wenn Sie nur in kleinen Schritten beginnen: Jeder Tag mit energievoller Nahrung stärkt und schützt Sie. Wenig ist besser als nichts!

### Die 5-Elemente-Regeln

FÜR die meisten Menschen sind drei einfache Regeln im 5-Elemente-Speiseplan nützlich:

➤ Stärken Sie Ihre Mitte mit reichlich gekochter Nahrung aus den Erde-Rubriken neutral, warm und heiß (siehe Liste Seite 61).
➤ Schützen Sie Ihr Erb-Qi durch Vermeidung von Tiefkühlkost und genügend Nahrung aus den Wasser-Rubriken neutral, warm und heiß (siehe Liste Seite 63).
➤ Erfrischen und unterstützen Sie Ihr Leber-Galle-System durch erfrischende und kühle Lebensmittel aus dem Holzelement (siehe Liste Seite 59).

# Die Familie am Eßtisch

Sie haben vielleicht einen temperamentvollen Ehemann, ein trotziges Kleinkind und einen müde wirkenden Teenager zu Hause, und selbst leiden Sie unter Schlafmangel.

## Individualität und Gemeinschaft

Nun wollen Sie die ersten Schritte in Richtung auf die ausgewogene 5-Elemente-Ernährung machen. Herzlichen Glückwunsch zu Ihrem guten Vorsatz! Auch wenn Sie in der nächsten Zeit öfter mal Ihre Kreativität zu Hilfe bitten müssen: Die Ergebnisse werden Sie belohnen.

### Tips für den Anfang

Bei Energiemangel und Schwäche schützen und stützen – dabei helfen:
- viel gekochte Nahrung,
- zwei bis drei Minuten in der Pfanne angedünsteter Salat,
- eine Tasse Brühe zwischendurch,
- wärmende Kräuter und Gewürze,
- vorgeröstetes Getreide,
- mehrere kleine Mahlzeiten statt zwei bis drei großer,
- ausreichend Zeit beim Essen.

Bei Hitze, Temperamentsüberschuß und Angespanntheit beruhigen und ausgleichen – dabei helfen:
- kleingeschnittene, rohe Salate und Gemüse,
- reichlich Wasser zwischen den Mahlzeiten,
- kühlende und erfrischende Kräuter und Gewürze,
- Zugabe von Säuerlichem bis Saurem (Zitrone, Obstessig).

### Ernährung in Krisensituationen

Menschen, die nach längerer Krankheit oder viel Streß eine Trennung von Yin und Yang beobachten (Hitze in der oberen Körperhälfte und Frieren in der unteren Körperhälfte), sollten die Regeln im Abschnitt »Yin und Yang« (Seite 41 ff.) befolgen. Falls Ihr Körper dies mit mehr Hitze im oberen Körper beantwortet, sollten die yanghaltigen Speisen (z. B. heiße Brühe) öfter und in sehr kleinen Mengen genossen werden.

Ob Sie für sich selbst, für Ihre Familie oder für Ihre Freunde kochen: Wir wünschen Ihnen von Herzen Freude, Entspannung und Genuß beim harmonischen Wechselspiel von Yin und Yang in Ihrer Küche. Nutzen Sie die Chance zur Mitgestaltung Ihrer körperlichen und seelischen Gesundheit und Lebensfreude. Mögen Ihre aufmerksame Liebe und Ihr fürsorglicher Einsatz reichlich Früchte tragen und als Qi der Liebe zu Ihnen zurückkehren!

# Küchentips

**Kochen soll nie Arbeit sein, sondern nur Erfüllung unseres Weges. Das 5-Elemente-Modell paßt für jede Geschmacks- und Küchenvorliebe.**

➤ Sollten Sie einmal eine wichtige Zutat nicht erhalten, wählen Sie eine andere aus dem entsprechenden Element (siehe Tabellen Seite 59 ff.) aus. Seien Sie kreativ und spontan, das bringt Abwechslung in den Alltag.

➤ Kaufen Sie sich einen sehr guten, stabilen Gemüsehobel, ein großes Profi-Schneidemesser und ein Office-Messer (klein, kurz, dreieckig) zum Gemüseschneiden.

➤ Beim Gemüseschneiden kommt es nicht darauf an, auf Anhieb perfekt zu sein. Es ist egal, ob die Gemüsestreifen genau gleich klein geschnitten werden oder am Anfang mal breiter oder kürzer. Es lohnt sich auf alle Fälle geschmacklich sehr, sich eine gute Schnittführung anzueignen, außerdem ist es weniger anstrengend und spart Zeit.

➤ Die in der Regel linke Hand, die das Gemüse hält, zu einer »Tigerpranke« formen und den Daumen einziehen, so daß die Mittelknochen der Finger im 90-Grad-Winkel zum Gemüse liegen, die Nägel und der Daumen halten das Gemüse.

➤ Am Anfang mit drei bis fünf Karottenscheiben beginnen, so daß man alles gut greifen kann.

➤ Schneiden Sie immer vor den Mittelfingerknochen, in wiegenden Bewegungen, mit aufgelegter Spitze bis dicht an die Hand heran, dann nachgreifen.

➤ Lassen Sie am Anfang ruhig große Gemüsereste, die kommen dann den Fonds zugute.

➤ Wann immer es geht, sollten Ihre künftigen Kreationen im Wasserelement mit etwas Salz enden. Salz spaltet sich während des Kochens. Dabei geht Geschmack verloren und die Salzmenge muß trotzdem von den Nieren entgiftet werden. 1 Gramm Salz am Ende des Kochens entspricht geschmacklich 7 Gramm Salz, das mitgekocht wurde. Unsere Nieren und unsere Leber leisten den größten Teil der Entgiftung und ihnen gebührt besondere Aufmerksamkeit.

➤ Fett ist nicht gleich Fett. Wertvolle Fettsäuren werden leichter verstoffwechselt. Süßrahmbutter bringt geschmacklich die besten Ergebnisse, beachten Sie aber, daß Süßrahmbutter nicht eingefroren werden kann.

➤ Wirklich wertvolle Nahrung gibt es nur frisch zu kaufen. Meiden Sie tiefgekühlte und in der Mikrowelle aufbereitete Nahrung.

➤ Jeder Herd arbeitet individuell. Kontrollieren Sie am Anfang die Temperatur im Backofen mit einem Thermometer, damit Sie wissen, welche Einstellungen Sie brauchen, um 70°, 120°, 140° und 160° zu erreichen.

➤ Zum Braten reicht immer die mittlere Einstellung des Herdes. Dies bekommt dem Fisch und Fleisch am besten. Und zum Entspannen stellen Sie das Essen bei 70° in den Ofen. Viel Erfolg!

*Am besten gelingt das Gemüseschneiden, wenn Sie eine Hand zur »Tigerpranke« formen.*

Die folgenden Tabellen erleichtern Ihnen die Zuordnung der gängigsten Lebensmittel zu den 5 Elementen Holz, Feuer, Erde, Metall und Wasser. Zugleich haben die Nahrungsmittel auch kühle (Yin-)Qualität oder warme (Yang-)Qualität.

Wenn Sie sich kraftlos, kalt und müde fühlen, sollten Sie mehr Yang-betonte Lebensmittel zu sich nehmen, und bei Unruhe sowie unangenehmem Hitzegefühl essen Sie mehr Yin-Nahrung. So sorgen Sie für ein Gleichgewicht der polaren Energien Yin und Yang und unterstützen Ihre Gesundheit.

Einzelne, eventuell geschwächte Organe versorgen Sie mit Energie, indem Sie neutrale Speisen aus dem Element wählen, dem das jeweilige Organ zugeordnet ist (lesen Sie dazu die Tabelle auf Seite 48).

Jede Jahreszeit entspricht einem der 5 Elemente. Bedienen Sie sich zum Beispiel im Sommer vor allem bei Lebensmitteln aus dem Feuerelement, im Winter mit Nahrung aus dem Wasserelement und so fort (Tabelle auf Seite 48). So versorgen Sie Ihre Organe optimal mit Energie.

Den gesundheitlichen Nutzen Ihrer Mahlzeiten können Sie noch steigern, indem Sie darauf achten, daß Sie bei der Zubereitung die Zutaten dem Fütterungszyklus entsprechend (siehe Grafik auf Seite 48) hinzufügen. Wichtig ist, daß Sie dabei kein Element »überspringen«. Je öfter Sie den Zyklus (Holz – Feuer – Erde – Metall – Wasser) beim Kochen vollenden, um so energiereicher wird Ihre Mahlzeit. Die gesamte Komposition wird dadurch harmonischer und energetisch wertvoller.

# HOLZ  *sauer*

*Yang* ⟵  ⟶ *Yin*

| heiß | warm | neutral | kühl | kalt |
|---|---|---|---|---|
| **Gewürze**<br>Essig > 7 % Säure<br>Essigessenz > 20 % Säure<br>**Kräuter**<br>Ysop<br>**Fleisch/Fisch**<br>Flußkrebs<br>Hummer<br>Languste<br>Süßwassergarnele<br>**Getränke**<br>Schnäpse > 32 % vol. | **Gewürze**<br>Aceto Balsamico<br>Hefe<br>Weinessig<br>**Kräuter**<br>Basilikum<br>Brennessel<br>Gewürzwegerich<br>**Gemüse**<br>Lauch<br>**Nüsse/Samen**<br>Haselnuß<br>Sesam<br>**Obst**<br>Himbeere<br>Kirsche<br>Litschi<br>Passionsfrucht<br>Physalis<br>**Fleisch**<br>Schweineleber<br>**Getränke**<br>Beerenausleseweine<br>Eiswein | **Kräuter**<br>Estragon<br>Kerbel<br>Melisse<br>Petersilie<br>Sauerampfer<br>**Getreide**<br>Grünkern<br>**Gemüse**<br>Flaschenkürbis<br>Süßkartoffel<br>**Obst**<br>Mandarine<br>Pflaume<br>Weintraube<br>**Fleisch**<br>Rinderleber<br>**Getränke**<br>Ausleseweine<br>Chardonnay (italienischer und amerikanischer) | **Kräuter**<br>Borretsch<br>Dill<br>**Gemüse**<br>Blattsalate<br>Bohnen<br>Portulak<br>Sauerkraut<br>Staudensellerie<br>**Obst**<br>Apfel<br>Brombeere<br>Erdbeere<br>Heidelbeere<br>Johannisbeere<br>Orange<br>Sauerkirsche<br>Stachelbeere<br>Zitrone<br>**Öle**<br>Sesamöl<br>**Milchprodukte**<br>Saure Sahne<br>**Fleisch**<br>Ente<br>Huhn (Batteriehaltung)<br>Kalbsleber<br>**Getränke**<br>Apfelwein<br>Badische Weine<br>Elsässer Weine<br>Hagebuttentee<br>Hibiskustee<br>Malventee<br>Pfälzer Weine<br>Sauerkirschsaft | **Gemüse**<br>Bambussprossen<br>Essiggurke<br>Gurke<br>Löwenzahn<br>Mangold<br>Rucola<br>Spinat<br>Tomate<br>**Obst**<br>Ananas<br>Karambole<br>Kiwi<br>Pampelmuse<br>Rhabarber<br>**Milchprodukte**<br>Joghurt<br>Kefir<br>Quark<br>**Fleisch**<br>Entenleber<br>Gänseleber<br>Kaninchen<br>**Getränke**<br>Champagner<br>Moselweine<br>Saarweine |

# FEUER

*bitter*

*Yang* ← → *Yin*

| heiß | warm | neutral | kühl | kalt |
|---|---|---|---|---|
| **Gewürze**<br>Angelikawurzel<br>Bockshornklee<br>Galgant<br>Meerrettich<br>Muskatnuß<br>Safran<br>Wacholderbeeren<br>**Getreide**<br>Kascha (geröstetes Buchweizenmehl)<br>**Kräuter**<br>Zitronenblätter<br>Zitronengras<br>**Fleisch**<br>Gegrilltes Fleisch<br>**Getränke**<br>Cognac<br>Glühwein<br>Madeira<br>Portwein<br>Shiraz | **Gewürze**<br>Bitterschokolade<br>Kakao<br>Kapern<br>Mohn<br>Paprikapulver, edelsüß<br>**Kräuter**<br>Basilikum<br>Beifuß<br>Majoran<br>Oregano<br>Rosmarin<br>Salbei<br>**Getreide**<br>Amaranth<br>Buchweizen<br>Leinsamen<br>**Nüsse**<br>Mandel<br>**Gemüse**<br>Pastinake<br>Rosenkohl<br>**Obst**<br>Aprikose<br>Schlehe<br>Süßkirsche<br>**Fleisch**<br>Hühnerleber<br>Lamm<br>Schaf<br>Ziege<br>**Getränke**<br>Burgunder<br>Grüner Tee<br>Kaffee<br>Schwarzer Tee<br>Grand Cru Bordeaux | **Gewürze**<br>Paprikapulver<br>**Gemüse**<br>Feldsalat<br>Knollensellerie<br>Radicchio<br>**Obst**<br>Preiselbeere<br>**Fleisch**<br>Kalbsbries<br>Rinderherz<br>Schweineherz<br>**Getränke**<br>Barbaresco<br>Barolo<br>1e Cru Bordeaux<br>Burgunder<br>Rioja | **Gemüse**<br>Artischocke<br>Chicorée<br>Eisbergsalat<br>Endiviensalat<br>Olive<br>Rote Bete<br>Topinambur<br>**Obst**<br>Grapefruit<br>Holunderbeere<br>Quitte<br>**Getreide**<br>Camarguereis, rot<br>Hafer<br>Weizen<br>**Getränke**<br>Altbier<br>Kirschsaft<br>Pils<br>Weißbier | **Gemüse**<br>Gurke<br>Kohlrübe<br>Löwenzahn<br>Rucola<br>Spargel<br>**Obst**<br>Granatapfel<br>**Getreide**<br>Bulgur<br>Couscousgrieß<br>Haferflocken<br>Weizenflocken<br>**Getränke**<br>Beaujolais<br>Chianti |

# ERDE  *süß*

*Yang* ← → *Yin*

| heiß | warm | neutral | kühl | kalt |
|---|---|---|---|---|
| **Gewürze/Süsses**<br>Anis<br>Fenchelsamen<br>Honig<br>Lakritze<br>Malzzucker<br>Melasse<br>Süßholz<br>Ursüße<br>Kraftsuppen (Consommé)<br><br>**Getränke**<br>Liköre<br>Sauternes<br>Tokajer | **Gewürze/Süsses**<br>Malz<br>Marmelade<br>Marzipan<br>Schokolade<br>Vanille<br><br>**Gemüse**<br>Fenchel<br>Okra<br>Paprikaschote<br><br>**Obst**<br>Aprikose<br>Korinthe<br>Sultanine<br><br>**Getreide**<br>Dinkel<br>Klebereis<br><br>**Nüsse/Samen**<br>Cashewkerne<br>Ölsamen<br>Pinienkerne<br>Walnuß<br><br>**Fleisch**<br>Rindfleisch<br>Ei<br>Eigelb<br><br>**Getränke**<br>Fencheltee | **Geliermittel**<br>Gelatine<br>Pektin<br><br>**Kräuter**<br>Kerbel<br><br>**Getreide(produkte)**<br>Grünkern<br>Kolbenhirse<br>Mais<br>Maisgrieß (Polenta)<br>Quinoa<br>Tofu<br><br>**Gemüse**<br>Blumenkohl<br>Broccoli<br>Kartoffel<br>Marone<br>Möhre<br>Petersilienwurzel<br>Süßkartoffel<br>Zucchino<br><br>**Obst**<br>Dattel<br>Feige<br>Mirabelle<br>Weintraube<br><br>**Fleisch**<br>Kalbfleisch<br>Truthahn<br><br>**Getränke**<br>Malzbier<br>Süßgekochtes Wasser | **Kräuter**<br>Dill<br><br>**Getreide(produkte)**<br>Brot<br>Gerste<br>Graupen<br>Nudeln<br>Risottoreis<br>Rispenhirse<br>Roggen<br>Rundkornreis, süß<br><br>**Gemüse**<br>Avocado<br>Blattsalate<br>Bohnen<br>Erbsen<br>Kichererbsen<br>Linsen<br>Topinambur<br>Zuckerschote<br><br>**Obst**<br>Apfel<br>Birne<br>Kokosnuß<br>Papaya<br><br>**Öle**<br>Maisöl<br>Olivenöl<br>Sesamöl<br>Sonnenblumenöl<br><br>**Milchprodukte**<br>Butter<br>Käse<br>Milch<br>Sahne<br><br>**Fleisch(produkte)**<br>Schweineschmalz<br><br>**Getränke**<br>Gemüsesaft<br>Obstsaft | **Gewürze**<br>Puderzucker<br>Zucker<br><br>**Gemüse**<br>Austernpilz<br>Champignon<br>Chinakohl<br>Eisbergsalat<br>Kürbis<br>Morchel<br>Muskatkürbis<br>Pfifferling<br>Schwarzwurzel<br>Steinpilz<br><br>**Obst**<br>Banane<br>Mango<br>Wassermelone |

# METALL	*scharf*

*Yang* ← — — — — — — — ☯ — — — — — — — → *Yin*

| heiß | warm | neutral | kühl | kalt |
|---|---|---|---|---|
| **GEWÜRZE**<br>Anis<br>Cayennepfeffer<br>Chilipulver<br>Currypulver<br>Galgant<br>Ingwer<br>Meerrettich<br>Peperoni<br>Pfeffer, weiß<br>Piment<br>Sternanis<br>Zimtpulver<br>**KRÄUTER**<br>Bärlauch<br>Ysop<br>Zitronengras<br>**FLEISCH**<br>Hirsch<br>**GETRÄNKE**<br>Schnäpse | **GEWÜRZE**<br>Ingwer<br>Kardamom<br>Korianderkörner<br>Kreuzkümmel<br>Lorbeerblätter<br>Nelken<br>Pfeffer, schwarz<br>Senf<br>**KRÄUTER**<br>Liebstöckel<br>Schnittlauch<br>Thymian<br>**NÜSSE**<br>Erdnüsse, ungesalzen, geröstet<br>**ÖLE**<br>Rapsöl<br>**MILCHPRODUKTE**<br>Blauschimmelkäse<br>Münsterkäse<br>**GEMÜSE**<br>Knoblauch<br>Lauch<br>**FLEISCH**<br>Fasan<br>Huhn (Bodenhaltung)<br>Perlhuhn<br>Rebhuhn<br>Rehwild<br>Wachtel<br>Wildente<br>Wildschwein<br>**GETRÄNKE**<br>Sake | **KRÄUTER**<br>Bohnenkraut<br>Gartenkresse<br>Kapuzinerkresse<br>**GEMÜSE**<br>Knollensellerie<br>**OBST**<br>Pfirsich<br>**FLEISCH**<br>Gans | **KRÄUTER**<br>Brunnenkresse<br>**GETREIDE**<br>Langkornreis<br>**GEMÜSE**<br>Frühlingszwiebel<br>Kohlrabi<br>Perlzwiebel<br>Radieschen<br>Rettich<br>Schalotte<br>Zwiebel | **KRÄUTER**<br>Pfefferminze<br>**GEMÜSE**<br>Gemüsezwiebel<br>Rübchen, weiße |

# WASSER  *salzig*

*Yang* ←────────────  ──────────→ *Yin*

| heiß | warm | neutral | kühl | kalt |
|---|---|---|---|---|
| **Gewürze**<br>Bockshornklee<br>Zimtpulver<br>**Gemüse**<br>Trüffel, weiß<br>**Fleisch/Fisch**<br>Felchen<br>Flußkrebs<br>Forelle<br>Garnele<br>Geräucherter Fisch<br>Hirsch<br>Hummer<br>Kaviar<br>Lachs<br>Languste<br>Saibling<br>Salami<br>Schinken | **Gewürze**<br>Kümmel<br>Meersalz<br>Nelken<br>Sternanis<br>Tafelsalz<br>**Samen**<br>Kürbiskerne<br>Sesam<br>**Gemüse**<br>Aubergine<br>Fenchel<br>Trüffel, schwarz<br>**Obst**<br>Himbeere<br>Kirsche<br>Rosine<br>**Milchprodukte**<br>Blauschimmelkäse<br>**Ei**<br>Eigelb<br>**Fleisch/Fisch**<br>Aal<br>Dorade<br>Goldbrasse<br>Lamm<br>Makrele<br>Schwein<br>Stockfisch<br>Stör<br>Taube<br>Thunfisch<br>Ziege | **Zusatzstoffe**<br>Agar-Agar<br>Bindemittel<br>**Getreide**<br>Kolbenhirse<br>Quinoa<br>Wildreis<br>**Gemüse**<br>Flaschenkürbis<br>Marone<br>Möhre<br>**Obst**<br>Pflaume<br>Weintraube<br>**Fisch/Fisch/Meeresfrüchte**<br>Äsche<br>Barsch<br>Hering<br>Karpfen<br>Muscheln<br>Renke<br>Rotbarbe<br>Sardine<br>Schleie<br>Schnecke<br>Wels | **Gemüse**<br>Bohnen, grün<br>Bohnenkerne, getrocknet<br>Kichererbsen<br>Linsen<br>Sojabohnen, schwarz und gelb<br>Wirsing<br>**Öle**<br>Sesamöl<br>**Milchprodukte**<br>Butter<br>Sahne<br>Frischkäse<br>Ziegenmilch<br>**Fleisch/Fisch**<br>Dorsch<br>Ente<br>Flunder<br>Kabeljau<br>Kalbsniere<br>Meeraal<br>Schellfisch<br>Scholle<br>Seeteufel<br>Seezunge<br>Steinbutt<br>Tintenfisch<br>**Ei**<br>Eiweiß | **Gewürze**<br>Miso<br>Sojasauce<br>Worcestersauce<br>**Getreide**<br>Bulgur<br>Couscousgrieß<br>Weizenflocken<br>**Gemüse**<br>Algen<br>Bohnenkeimlinge<br>Rotkraut<br>Weißkraut<br>**Fleisch/Fisch/Meeresfrüchte**<br>Austern<br>Fischbrühen<br>Hai<br>Kalbshirn<br>Oktopus<br>Taschenkrebs<br>**Getränke**<br>Mineralwasser |

# HOLZELEMENT*

FRÜHLING – Dynamik des Aufbruchs! Saure Nahrungsmittel erfrischen und schenken Ihnen neue Energie. Anspannung, Reizbarkeit oder Wut lassen nach, Ihre Muskeln entspannen sich, Sie können wieder durchatmen und neue Lösungen für Ihre Probleme finden.

DIE Rezepte dieses Elementes füttern Ihr Leber-Galle-System. Dies wiederum aktiviert Ihren Stoffwechsel und weckt Ihre Lebendigkeit. Wer sich leicht müde und erschöpft fühlt, sollte Salate und Obst erwärmen, um dem Körper eine Verdauungshilfe zu schenken.

KOCHEN Sie sich etwas aus dem Holzelement, wenn

➤ Sie ein belastetes Leber-Galle-System haben,

➤ Sie oft gereizt und leicht aufbrausend sind,

➤ Sie zu den ungeduldigen, hitzköpfigen Menschen gehören,

➤ Sie Probleme mit Muskeln, Sehnen oder Augen haben,

➤ Sie sich im Frühling besonders pflegen wollen.

# Sauerampfersuppe

*entspannt die Leber*

**Für 4 Personen**

*500 g Sauerampfer*
*1 Bund Petersilie*
*50 g Kerbel*
*1 Bund Dill*
*1 kleine Prise Paprikapulver*
*1 EL Süßrahmbutter*
*1 Prise Rohrzucker*
*1 gehäufter TL Mehl*
*schwarzer Pfeffer aus der Mühle*
*1 l klare Geflügelbrühe*
*Meersalz*
*2 EL saure Sahne*
*1 EL Zitronensaft*
*150 g Sahne*
*4 hartgekochte Eigelbe*

Zubereitungszeit: 1 Std.

Kräuter sorgfältig waschen und verlesen. Den Sauerampfer (H), die Petersilie (H) und den Kerbel (H) in ein hohes, schlankes Gefäß geben und mit Paprikapulver (F) bestäuben. Den Dill (E) hinzufügen und die Kräutermischung mit dem Pürierstab pürieren.

Topf auf den Herd stellen (F) und die Süßrahmbutter (E), den Zucker (E) und das Mehl (E) darin einige Min. anschwitzen. Die Kräuter (E) einfüllen und weitere 5 Min. anschwitzen. Mit Pfeffer (M) abschmecken und mit der Geflügelbrühe (W) auffüllen. Sehr wenig Meersalz (W) einstreuen, die saure Sahne (H) mit dem Schneebesen einrühren und den Zitronensaft (H) dazugießen. 1 kleine Prise Paprikapulver (F) einstreuen und die Suppe 15 Min. kochen lassen.

Sahne (E) in die Suppe geben. Die Eigelbe (E) klein schneiden, in Teller verteilen und mit der Suppe auffüllen. Mit Pfeffer (M) und Meersalz (W) abschmecken und servieren. Zusammen mit Salz- oder Pellkartoffeln wird die Sauerampfersuppe zu einer vollständigen Mahlzeit.

# Brennesselsuppe

**Für 4 Personen**

*50 g Kerbel*
*200 g Brennesseln (ersatzweise Rucola)*
*1 Bund Petersilie*
*2 Möhren*
*1 Stange Lauch*
*1 kg mehligkochende Kartoffeln*
*1/2 Zitrone*
*4 Wacholderbeeren*
*4 Pimentkörner*
*1 l Geflügelbrühe*
*150 ml trockener Weißwein*
*2 EL Süßrahmbutter*
*schwarzer Pfeffer aus der Mühle*
*etwas geriebene Muskatnuß*
*Meersalz*
*2 EL Crème fraîche*

ZUBEREITUNGSZEIT: 1 STD.

*reinigt und stärkt das Holzelement*

KERBEL, Brennesseln und Petersilie gründlich waschen, von dem Kerbel und der Petersilie ein paar Blättchen zur Dekoration beiseite legen, den Rest fein hacken. Möhren waschen, schälen und in dünne Scheiben hobeln. Den Lauch längs halbieren, waschen und in Halbringe schneiden. Die Kartoffeln schälen und waschen und in nicht zu dünne Scheiben hobeln. Die Zitrone auspressen.

IN einen Topf zuerst die gehackten Kräuter (H) und 2 Wacholderbeeren (F) geben. Die Möhrenscheibchen (E), die Kartoffelscheiben (E), den Lauch (M) und die Pimentkörner (M) dazugeben und mit der Geflügelbrühe (W) auffüllen. Den Zitronensaft (H) und den Weißwein (H) dazugießen. Die restlichen Wacholderbeeren (F) darauf legen. 20 Min. offen kochen lassen.

WACHOLDERBEEREN entfernen und etwa ein Drittel der Kartoffelscheiben mit dem Stampfer zerdrücken, bis die Suppe sämig wird. Süßrahmbutter (E), reichlich Pfeffer (M), Muskat (M), Meersalz (W) und Crème fraîche (H) unterrühren und die Suppe mit den restlichen Kerbel- und Petersilienblättchen (H) dekorieren.

# Gefüllte Tomaten

**Für 4 Personen**

*4 große Tomaten*

*400 g Blattspinat*

*1 Bund Petersilie*

*1 Möhre*

*1 kleiner Zucchino*

*6 Schalotten*

*1 EL Süßrahmbutter*

*etwas Muskatnuß*

*4 in Öl oder Salzlake eingelegte Sardellenfilets*

*1 EL Essig*

*1/2 TL Paprikapulver*

*4 TL Olivenöl*

*schwarzer Pfeffer aus der Mühle*

*Meersalz*

ZUBEREITUNGSZEIT: 30 MIN.

*erfrischt die Leber und die Lunge*

BACKOFEN auf 120° (Umluft 100°) vorheizen. Die Tomaten waschen, jeweils einen Deckel abschneiden und die Tomaten in einer feuerfesten Form für 2–3 Min. in den Ofen stellen. Tomaten häuten und mit einem Löffel aushöhlen. Tomatenfleisch beiseite stellen.

SPINAT und Petersilie waschen und abtropfen lassen. 8 Spinatblätter und 8 Petersilienblättchen zur Seite legen. Restliche Petersilie klein hacken. Die Möhre schälen und in dünne Scheiben hobeln. Den Zucchino putzen, waschen und in kleine Würfel schneiden. Die Schalotten pellen und in Ringe schneiden.

PFANNE auf den Herd stellen (F) und die Butter (E) darin schmelzen lassen. Zucchini (E), Möhren (E) und Schalotten (M) in der Butter anschwitzen. Etwas Muskatnuß (M) dazu reiben und in die Pfanne geben. Die Sardellen (W) klein hacken und dazu streuen.

SPINAT (H), Petersilie (H), Essig (H) und Tomatenfleisch (H) hinzufügen und alles kochen lassen, bis die Flüssigkeit verdampft ist. Diese Füllung in die ausgehöhlten Tomaten geben. Mit Petersilie (H) und Spinatblättern (H) garnieren und mit Paprika (F) bestäuben. Das Olivenöl (E) darüber gießen und die gefüllten Tomaten pfeffern (M) und salzen (W).

# Erfrischender Blattsalat

*gibt der Leber neue Energie*

**Für 4 Personen**

*2 Kopfsalate*
*1 Bund Petersilie*
*4 EL Aceto Balsamico*
*1/2 TL Paprikapulver*
*8 EL Olivenöl*
*ein kleines Stück Chilischote*
*(je nach Schärfe)*
*1 EL Senf*
*Meersalz*

Zubereitungszeit: 25 Min.

Kopfsalate von den äußeren, harten Blättern und den Strünken befreien, waschen und trockenschleudern. Die Salate in mundgerechte Stücke zerpflücken. Die Petersilie waschen, trockenschütteln und fein hacken.

In eine große Schüssel für die Marinade 2 EL Wasser (W) geben, den Aceto Balsamico (H) hinzufügen und mit Paprikapulver (F) bestäuben, das Olivenöl (E) dazugießen. Die Chilischote (M) klein hacken und ebenfalls hinzufügen.

Senf (M) dazugeben und die Marinade mit Meersalz (W) würzen. Die kleingehackte Petersilie (H) und den Kopfsalat (H) hineingeben, alles gut mischen und servieren.

# Grünkernspeise mit Petersilie

*spendet Kraft und Energie*

**Für 4 Personen**

*200 g Grünkern*
*2 Möhren*
*2 Petersilienwurzeln*
*1 Zwiebel*
*1 Bund Petersilie*
*1 TL Paprikapulver*
*2 TL grüne Pfefferkörner*
*schwarzer Pfeffer aus der Mühle*
*Meersalz*
*1 unbehandelte Zitrone*
*1 Zweig Rosmarin*
*1 EL Olivenöl*

**Zubereitungszeit: 1 Std.**

**Grünkern** verlesen. Die Möhren und die Petersilienwurzeln waschen und schälen, in feine Streifen schneiden oder hobeln. Die Zwiebel pellen, halbieren und in Würfel schneiden. Die Petersilie waschen, trockenschütteln und klein hacken.

**Topf** mit dem Grünkern (H) füllen und mit 1 Msp. Paprikapulver (F) auf den Herd stellen (F). Unter Rühren bei mittlerer Hitze 15 Min. rösten. Der Grünkern sollte nach frischgebackenem Brot riechen, die Körner dürfen hellbraune Pünktchen haben.

**Möhrenstreifen** (E) und Petersilienwurzelstreifen (E), Zwiebelwürfel (M) sowie den grünen Pfeffer (M) dazugeben. Mit Pfeffer (M) und Salz (W) würzen und mit 600 ml Wasser (W) aufgießen. Zitrone waschen. Schale abreiben oder mit dem Zestenreißer abziehen und die Zitrone auspressen. Schale (H) und Saft (H) nach Geschmack zum Grünkern geben. Den Rosmarin (F) einlegen und den Grünkern geschlossen in 15–20 Min. fertig garen. Auf dem abgeschalteten Herd 10 Min. nachgaren lassen. Die Speise auf Tellern verteilen und mit Olivenöl (E) beträufeln.

# Garnelenspieße

**Für 4 Personen**

*16 frische Salzwassergarnelen (Scampi)*
*8 braune Champignons*
*8 mittelgroße Kirschtomaten*
*8 Minimaiskölbchen (aus dem Glas)*
*10 Knoblauchzehen*
*200 g Basmatireis*
*8 grüne Oliven ohne Stein*
*etwas Paprikapulver*
*2 EL Süßrahmbutter*
*1 Möhre*
*schwarzer Pfeffer aus der Mühle*
*Meersalz*
*1 unbehandelte Zitrone*
*1/2 g Safranfäden*
*Außerdem:*
*8 Holzstäbchen*
*Öl zum Einlegen*

ZUBEREITUNGSZEIT: 1 STD. 10 MIN.

*neue Energie für Leber und Nieren*

HOLZSTÄBCHEN in Öl einlegen. Von den Garnelen jeweils am Schwanzende den Dorn entfernen, Garnelen am Rücken einschneiden und den Darm entfernen. Die Champignons abreiben und Stiele abschneiden. Tomaten waschen und Stielansätze entfernen. Mais trocknen. Knoblauch pellen.

REIS verlesen. Auf jedes eingeölte Holzstäbchen 1 Champignon (E), 1 Maiskölbchen (E), 1 Knoblauchzehe (M), 2 Scampi (W), 1 Kirschtomate (H) und 1 Olive (F) stecken. Spieße in zwei Pfannen auf den Herd stellen (F). Die Spieße mit Paprikapulver (F) bestreuen und die Butter (E) hinzufügen. Den restlichen Knoblauch (M) hacken und darüber verteilen. Die Spieße von jeder Seite 5 Min. braten und im Ofen bei 70° warm halten.

MÖHRE waschen, schälen und in Stifte schneiden. Topf erhitzen und Paprika (F) einstreuen. Die Möhrenstifte (E) dazugeben und den Reis (M) einfüllen. Alles unter Rühren 10 Min. rösten. Mit Pfeffer (M) und Salz (W) abschmecken, 500 ml Wasser (W) dazugießen. Zitrone auspressen, Schale abreiben, Saft nach Geschmack und Schale (H) dazugeben. Safran (F) einstreuen und bei halb aufgelegtem Deckel 10 Min. garen. Den Herd abschalten und den Reis 10 Min. nachgaren. Mit den Spießen zusammen anrichten. Garnelen beim Essen aus den Panzern lösen.

# Sellerie auf Tomaten

*löst Stagnationen im Holzelement*

**Für 4 Personen**

*1 unbehandelte Zitrone*
*4 Wacholderbeeren*
*1 Staudensellerie*
*1 Möhre*
*1 Petersilienwurzel*
*2 mehligkochende Kartoffeln*
*1 Bund Basilikum*
*1 Bund Schnittlauch*
*1 Zwiebel*
*8 Tomaten*
*2 EL Süßrahmbutter*
*schwarzer Pfeffer aus der Mühle*
*200 g Mozzarella*
*2 Msp. Paprikapulver*

ZUBEREITUNGSZEIT: 50 MIN.

ZITRONE waschen, Schale abreiben und die Frucht auspressen. Einen Topf halb mit 400 ml Wasser (W) füllen, mit etwas Zitronenschale (H) und 1 Wacholderbeere (F) auf den Herd stellen (F). Sellerie waschen, die Stangen trennen und putzen. Möhre und Petersilienwurzel waschen, schälen und in Streifen schneiden oder hobeln. Gemüseschalen (E) in den Topf geben. Kartoffeln waschen, schälen und würfeln. Basilikum und Schnittlauch waschen, trocknen. Schnittlauch in Röllchen schneiden, Basilikum fein hacken. Zwiebel pellen und die Schale in den Topf geben (M), Zwiebel würfeln. Noch etwas Wasser (W) hinzufügen.

TOMATEN (H) waschen, in Scheiben schneiden und in eine Form legen. Sellerie (H) quer in Halbringe schneiden und in eine Pfanne geben. Basilikum (F) und die restlichen Wacholderbeeren (F) darüber streuen. Butter (E) in die Mitte geben, Kartoffeln (E), Möhre (E), Petersilienwurzel (E), Zwiebel (M) und Schnittlauch (M) einschichten. Pfeffern (M) und mit der Brühe (W) auffüllen, geschlossen 12–15 Min. garen. Gemüse herausnehmen und zu den Tomaten geben. Den Sud etwas einkochen lassen und darüber gießen.

MOZZARELLA (W) in Scheiben schneiden und über dem Gemüse verteilen. Mit Zitronensaft und -schale (H) sowie Paprikapulver (F) bestreuen. Im Ofen bei 100° garen, bis der Käse geschmolzen ist.

# Grüne Bohnen mit Kirschtomaten

*dieses Gericht bildet Säfte*

**Für 4 Personen**

*400 g Kirschtomaten*

*600 g grüne Bohnen*

*1 Bund Petersilie*

*1 Zucchino*

*4 Schalotten*

*2 Knoblauchzehen*

*2 EL Süßrahmbutter*

*1 Zitrone*

*etwas Paprikapulver*

*etwas geriebene Muskatnuß*

*1 EL scharfer Senf*

*Meersalz*

*2 EL Crème fraîche*

*8 Korianderkörner*

*weißer Pfeffer aus der Mühle*

*2 EL Olivenöl*

**Zubereitungszeit: 1 Std.**

**Kirschtomaten,** Bohnen, Petersilie und Zucchino waschen. Tomaten halbieren und jeweils den Stielansatz herausschneiden. Die Bohnenenden abschneiden und die Bohnen schräg in Rauten schneiden. Zucchino längs in Streifen hobeln und quer in Stifte schneiden. Die Schalotten und den Knoblauch pellen und fein würfeln. Die Petersilie hacken.

**Topf** bei mittlerer Hitze auf den Herd stellen (F). Butter (E) in den Topf geben und schmelzen lassen. Die Knoblauch- und Schalottenwürfel (M) darin anschwitzen, bis sie eine schöne braune Farbe haben, und mit 8 EL Wasser (W) ablöschen.

**Zitrone** auspressen und den Saft (H) bis auf 1 EL eingießen. Mit Paprikapulver (F) bestäuben und die Bohnenrauten (E) dazugeben. Muskatnuß (M) und Senf (M) auf die Bohnen geben, umrühren, den Deckel für 3–4 Min. auflegen. Nochmals umrühren und zugedeckt weitere 4 Min. dünsten.

**Etwas** Meersalz (W) einstreuen, die Tomatenhälften (H), Crème fraîche (H) und Petersilie (H) hineinlegen und mit den Korianderkörnern (F) bestreuen. Im geschlossenen Topf 3 Min. garen. Die Zucchinostreifen (E) einlegen, mit weißem Pfeffer (M) kräftig würzen und weitere 5 Min. ziehen lassen. Mit Meersalz (W), restlichem Zitronensaft (H), Paprikapulver (F) und dem Olivenöl (E) abschmecken.

# Tomaten in Walnußvinaigrette

*eine kalte Speise für heiße Tage*

**Für 4 Personen**

*4 EL Zitronensaft*
*1 TL Ursüße (Reformhaus)*
*schwarzer Pfeffer aus der Mühle*
*Meersalz*
*8 große Tomaten*
*2 Bund Basilikum*
*2 Möhren*
*2 Zwiebeln*
*1/2 TL Paprikapulver*
*6 EL feines Olivenöl (z. B. aus Ligurien)*
*4 EL gehackte Walnußkerne*

**ZUBEREITUNGSZEIT: 25 MIN.**

**WASSER** (W) in einen Topf geben, 1 Spritzer Zitronensaft (H) hinzufügen und aufkochen lassen (F). Die Ursüße (E) einstreuen, pfeffern (M) und salzen (W).

**TOMATEN** waschen, die Haut kreuzweise einritzen, kurz in das kochende Wasser tauchen und die Haut abziehen, die Tomaten (H) in Scheiben schneiden und auf Tellern verteilen.

**BASILIKUM** und Möhren waschen. Das Basilikum (F) von den Stengeln zupfen und auf den Tomatenscheiben verteilen. Die Möhren putzen, schälen und in feine Streifen hobeln. Die Zwiebeln schälen und klein würfeln. Möhren (E) und Zwiebeln (M) über die Tomaten geben.

**SALAT** auf Tellern verteilen und mit jeweils 1/2 EL Wasser (W) übergießen und jeweils 1 EL Zitronensaft (H), etwas Paprikapulver (F), 1 1/2 EL Olivenöl (E) und 1 EL gehackte Walnüsse (E) darübergeben. Zum Schluß pfeffern (M) und salzen (W).

# Kaninchenlebern mit geschmortem Salat

*baut Blut und Säfte auf*

**Für 4 Personen**

*4 Bund Rucola*
*1 Radicchio (oder Treviser-Salat)*
*20 grüne Oliven*
*4 Knoblauchzehen*
*8 Schalotten*
*1 Bund Frühlingszwiebeln*
*2 Zweige Thymian*
*200 g Rundkornreis*
*2 EL Aceto Balsamico*
*1 EL Süßrahmbutter*
*2 TL Sesamsamen*
*6 Kaninchenlebern*
*1 EL kleine Kapern*
*1 Msp. Paprikapulver*
*schwarzer Pfeffer aus der Mühle*
*1 EL grobkörniger Senf*
*1 EL saure Sahne*
*150 ml Rotwein*

ZUBEREITUNGSZEIT: 45 MIN.

RUCOLA gründlich waschen und putzen, 16 Blattspitzen zur Dekoration beiseite legen, den Rest klein hacken. Den Radicchio vierteln, waschen und trockenschleudern. Die Oliven vierteln und entkernen.

KNOBLAUCH und Schalotten pellen, halbieren und in dünne Scheiben schneiden. Frühlingszwiebeln und Thymian waschen. Die Zwiebeln putzen und schräg in 3 cm lange Rauten schneiden. Einen Topf erwärmen (F), Reis (E) verlesen und im Topf etwa 10 Min. unter öfterem Rühren rösten. Den Thymian (M) hacken und einstreuen, mit 400 ml Wasser (W) ablöschen, 1 EL Essig (H) eingießen und den Reis in 12 Min. fertig garen.

PFANNE erhitzen (F), Butter (E) schmelzen lassen, Schalotten (M) und Knoblauch (M) darin braun anschwitzen. Mit etwas Sesamsamen (W) bestreuen und die Lebern (H) von beiden Seiten jeweils 4 Min. braten, herausnehmen und im Ofen bei 70° warm stellen.

RADICCHIO (F) in die Pfanne legen und 2 Min. von jeder Seite schmoren. Oliven (F), Kapern (F), Paprikapulver (F) und den kleingeschnittenen Rucola (F) darüber streuen und restliche Butter (E) hinzufügen. Pfeffer (M), Senf (M) und die Zwiebeln (M) dazugeben. Restlichen Sesam (W) darüber streuen, Sahne (H) einrühren und mit Essig (H) und Rotwein (F) ablöschen. Mit den Lebern, den Rucolaspitzen und dem Reis zusammen servieren.

# Entenbrust in Johannisbeersauce

*kühlt und befeuchtet das Holzelement*

**Für 4 Personen**

200 g rote Johannisbeeren
100 g Kerbel (ersatzweise Petersilie)
2 Möhren
4 große festkochende Kartoffeln
2 Knoblauchzehen
1 Schalotte
1 Zwiebel
1 Lorbeerblatt
etwas Schale von 1 unbehandelten Zitrone
4 kleine oder 2 große Entenbrüste
2 EL Süßrahmbutter
Meersalz
1 TL Weinessig
etwas Paprikapulver
4 Wacholderbeeren
2 EL Sahne
2 EL Senf
schwarzer Pfeffer aus der Mühle

Zubereitungszeit: 1 1/2 Std.

**Johannisbeeren,** Kerbel, Möhren und Kartoffeln waschen. Kartoffeln und Möhren schälen. Kartoffeln (E) in Würfel schneiden, in einen Topf geben und die Möhren (E) darüber hobeln. Knoblauch, Schalotte und Zwiebel pellen. Zwiebel (M) würfeln und in den Topf geben. Lorbeerblatt (M), 400 ml Wasser (W) und 1 Stückchen Zitronenschale (H) dazugeben, auf den Herd stellen (F) und 15 Min. köcheln lassen. Im Ofen bei 70° warm stellen.

**Entenbrüste** mit einem scharfen Messer auf der Fettseite rautenförmig einschneiden. Die Beeren von den Stielen lösen und den Kerbel hacken. Eine Pfanne bei mittlerer Temperatur auf den Herd stellen (F). Die Butter (E) darin schmelzen, Knoblauch (M) und Schalotte (M) halbieren und einlegen. Auf die Schalotten etwas Meersalz (W) streuen. Die Entenbrüste (H) auf der Hautseite in die Pfanne legen und 15–20 Min. braten, bis sie eine knusprige Haut haben. Wenden und Kerbel (H) daneben streuen. Das Fleisch weitere 8 Min. braten und im Ofen bei 70° warm halten.

**Johannisbeeren** (H), Essig (H), Paprikapulver (F) und Wacholderbeeren (F) in die Pfanne legen, Sahne (E) und Senf (M) dazugeben und erhitzen. Mit Pfeffer (M) kräftig würzen und vom Herd nehmen. Salzen (W) und die Sauce auf den Tellern verteilen. Die Entenbrüste darauf legen und das Kartoffel-Möhrengemüse darauf verteilen.

# Himbeeren auf Crème fraîche

*stärkt Leber und Nieren*

**Für 4 Personen**

*500 g Himbeeren*

*500 g Erdbeeren*

*2 EL Puderzucker*

*1 Prise Pimentpulver*

*Meersalz*

*8 EL Crème fraîche*

*4 Msp. Kakaopulver*

ZUBEREITUNGSZEIT: 40 MIN.

HIMBEEREN und Erdbeeren verlesen und säubern. Die Erdbeeren (E) von den Stielansätzen befreien und mit dem Puderzucker (E) in einen Mixbecher füllen. Pimentpulver (M) und etwas Meersalz (W) dazugeben, die Mischung mit dem Pürierstab fein pürieren und die Sauce auf Tellern verteilen.

CRÈME FRAÎCHE (H) in die Mitte geben, mit einem Zahnstocher herzförmig auf der Sauce verstreichen und die Himbeeren (H) darauf setzen. Mit Kakaopulver (F) bestäuben.

VARIANTE:

Auf diese Weise können Sie auch andere Obstsorten zubereiten wie zum Beispiel Orangen, die Sie vorher filetieren: Von den Früchten Boden und Deckel abschneiden und die Orangen schälen, so daß die weiße Haut an den Schalen bleibt. Ein Sieb über eine Schüssel legen und die Früchte darüber längs dicht an den Trennhäuten einschneiden. Die Filets im Sieb auffangen und entkernen.

# Kefirterrine mit Pampelmusen

*entspannt bei Streß*

**Für 4 Personen**

*2 Pampelmusen*
*1 rote Paprikaschote*
*1 große Möhre*
*1 Stück Schale von einer unbehandelten Zitrone*
*1 Bund Dill*
*2 Bund Schnittlauch*
*1 Bund Petersilie*
*2 Zweige Thymian*
*12 Blatt Gelatine*
*4 Pfefferkörner*
*weißer Pfeffer aus der Mühle*
*1 kg Kefir*
*Meersalz*
*10 Scheiben Räucherlachs*
*Minzeblättchen zum Dekorieren*

ZUBEREITUNGSZEIT: 1 1/2 STD.
PLUS 4–6 STD. GELIERZEIT

PAMPELMUSEN schälen und filetieren, dabei den Saft auffangen (siehe Seite 80). Paprikaschote waschen, halbieren, entkernen und die Schote in feine Würfel schneiden. Die Möhre waschen, schälen und in Würfelchen schneiden. Zitronenschale fein würfeln. Dill, Schnittlauch, Petersilie und Thymian waschen und trockenschleudern. Schnittlauch in Röllchen schneiden, Petersilie, Dill und Thymian fein hacken.

6 BLATT Gelatine (E) und 2 Pfefferkörner (M) mit Wasser (W) bedecken, kurz quellen lassen, ausdrücken. In einen Topf geben, 6 EL Kefir (H) eingießen, erhitzen (F) und die Gelatine (E) darin auflösen. Jeweils die Hälfte der Paprikawürfel (E), Möhrenwürfel (E), Dill (E), Schnittlauch (M) und Thymian (M), Pfeffer (M) sowie 1 Prise Meersalz (W) und die Hälfte der Petersilie (H) und Zitronenschale (H) hinzufügen und mit 500 g Kefir (H) aufgießen.

LACHSSCHEIBEN (W) in eine Kastenform legen. Die Kefircreme (H) einfüllen und mit der Hälfte der Pampelmusenfilets (H) bedecken. Im Kühlschrank 2–3 Std. kühlen. Die übrigen Zutaten wie die erste Gemüsemischung zubereiten und auf die gestockte Schicht füllen und die Terrine weitere 2–3 Std. im Kühlschrank stocken lassen. In Scheiben schneiden und mit Minze (H) dekorieren.

# Sauerkirschkompott mit Sahne

*erfrischt die Leber an heißen Tagen*

**Für 4 Personen**

*600 g frische Sauerkirschen (ersatzweise aus dem Glas)*
*1 Bund Zitronenmelisse*
*1 Prise Paprikapulver*
*1–2 EL Rohrzucker*
*1/2 Zimtstange*
*Schale von 1 unbehandelten Zitrone*
*4 Salbeiblätter*
*150 g gekühlte Sahne*

ZUBEREITUNGSZEIT: 40 MIN.

SAUERKIRSCHEN (H) waschen, entsteinen und in einen Topf geben. Die Zitronenmelisse (H) waschen, trockenschütteln, die Spitzen beiseite legen, den Rest hacken und über die Kirschen geben. Das Paprikapulver (F) dazugeben und auf den Herd stellen (F).

ROHRZUCKER (E), Zimtstange (M) und 4 EL Wasser (W) dazugeben. Die Zitronenschale (H) zu den Kirschen geben. Im geschlossenen Topf 8 Min. einkochen. Zimtstange entfernen, Kompott in Schalen verteilen und abkühlen lassen. Melissespitzen (H) und Salbei (F) über dem Kompott verteilen. Sahne (E) getrennt dazu reichen.

# Heiße Weintrauben

*entlastet die Leber*

**Für 4 Personen**

*500 g kleine gelbe Muskatellertrauben*
*1/2 unbehandelte Zitrone*
*1/2 TL Kakaopulver*
*300 ml weißer Traubensaft*
*1 EL Sahne*
*2 Sternanis*

ZUBEREITUNGSZEIT: 35 MIN.

WEINTRAUBEN waschen und von den Stielen zupfen. Die einzelnen Trauben halbieren und entkernen. Die Zitrone abreiben und auspressen. Schale und -saft (H) mit den Trauben (H) in einen Topf geben und bei mittlerer Hitze auf den Herd stellen (F).

KAKAOPULVER (F), Traubensaft (E) und die Sahne (F) zu den Weintrauben in den Topf geben. Den Sternanis (M) einlegen und alles mit 2 EL Wasser (W) aufgießen. 5 Min. köcheln lassen und noch heiß in Portionsschälchen servieren.

# FEUERELEMENT*

SOMMERHITZE – Wachstum und Reife! Ein wenig bitterer Geschmack unterstützt Ihre Energie im Feuerelement. Ihr Herz-Kreislauf-System findet den richtigen Rhythmus, und Ihre Persönlichkeit entfaltet sich voll Freude. Herz und Blutgefäße sind in harmonischer Spannung und schenken Ihnen fröhliche Lebendigkeit. Mit den Rezepten dieses Abschnitts füttern und erfreuen Sie Herz und Gemüt.

KOCHEN Sie sich etwas aus dem Feuerelement, wenn

➤ Sie ein belastetes Herz-Kreislauf-System haben,

➤ Sie sich mehr Freude und Harmonie in Ihrem Leben wünschen,

➤ Sie Erfrischung und Aufbau von Blut und Körpersäften brauchen,

➤ Sie Geist und Gemüt anregen und beleben wollen,

➤ Sie sich im Sommer besonders pflegen wollen.

# Geröstetes Flockenmüsli

*macht munter für den Tag*

**Für 4 Personen**

*180 g Weizenvollkornflocken*
*80 g Hafervollkornflocken*
*8 kleingeschnittene getrocknete Aprikosen*
*4 EL Rosinen*
*etwas Zimtpulver*
*Meersalz*
*etwas kleingeschnittene Zitronenschale*
*etwas Kakaopulver*
*etwas Sahne*

ZUBEREITUNGSZEIT: 20 MIN.

PFANNE auf mittlere Temperatur erhitzen und beide Vollkornflocken (F) hineingeben. 8 Min. rösten, dabei ab und zu umrühren.

KÜHLE VARIANTE: Flocken (F) und Aprikosen (F) in eine Schüssel geben, dann die Rosinen (E), Zimt (M) nach Geschmack, etwas Meersalz (W), Zitronenschale (H), Kakaopulver (F) und Sahne (E) hinzufügen.

WARME VARIANTE: Die Flocken (F) in der Pfanne mit Aprikosen (F), Rosinen (E), Zimt (M), Meersalz (W) und etwas Wasser (W) mischen und alles mit Zitrone (H) und Kakao (F) in 10 Min. weich kochen.

# Kaschasuppe mit Rosmarin

*schenkt dem Herzen frische Kraft*

**Für 4 Personen**

*2 Möhren*
*1 Zwiebel*
*4 Zweige Rosmarin*
*200 g Buchweizenmehl (Kascha)*
*schwarzer Pfeffer aus der Mühle*
*1 l Geflügelbrühe*
*Zitronensaft*

ZUBEREITUNGSZEIT: 25 MIN.

MÖHREN schälen und fein stifteln. Die Zwiebel schälen und fein würfeln. Den Rosmarin waschen und trockenschütteln.

TOPF auf den Herd stellen (F) und das Mehl (F) darin 6–7 Min. rösten, dabei ab und zu umrühren. Möhrenstifte (E), Zwiebelwürfel (M), Pfeffer (M) und Geflügelbrühe (W) dazugeben. Mit etwas Zitronensaft (H) und Rosmarinzweigen (F) 10 Min. köcheln. Rosmarin entfernen und die Kaschasuppe servieren.

# Feldsalat mit Granatapfelkernen

*stärkt das Herz*

**Für 4 Personen**

*500 g Feldsalat*

*2 Bund Rucola*

*4 Schalotten*

*4 Knoblauchzehen*

*150 g grüne Bohnen*

*2 Möhren*

*1 Granatapfel*

*2 EL Süßrahmbutter*

*2 EL milder Senf*

*schwarzer Pfeffer aus der Mühle*

*Meersalz*

*2 EL Aceto Balsamico*

*etwas Paprikapulver*

*2 EL Sahne*

*2 EL Olivenöl*

ZUBEREITUNGSZEIT: 45 MIN.

FELDSALAT und Rucola mehrmals gründlich waschen und gut abtropfen lassen. Den Rucola kleinschneiden. Schalotten und Knoblauch pellen und würfeln. Die Bohnen putzen und in Rauten schneiden. Möhren putzen, schälen und stifteln. Den Granatapfel aufschneiden und die Kerne herauslösen (spritzt stark, deshalb am besten mit Schürze arbeiten).

PFANNE auf mittlere Temperatur erhitzen (F), die Süßrahmbutter (E) darin schmelzen, die Bohnen (E) und Möhren (E) einlegen, Schalotten (M) und Knoblauch (M) dazugeben. Zudecken und unter öfterem Wenden 6–8 Min. schmoren. Senf (M), Pfeffer (M), Salz (W) und 2 EL Wasser (W) sowie den Essig (H) hinzufügen. Das Gemüse mit etwas Paprikapulver (F) bestreuen.

RUCOLA (F) 1 Min. in der Gemüsemischung dünsten, vom Herd nehmen und abkühlen lassen. Granatapfelkerne (F) und Feldsalat (F) darübergeben. Den Salat mit Sahne (E) und Olivenöl (E) begießen, gut mischen und servieren. Dazu paßt Baguette.

# Artischocken auf Nudeln

*gibt dem Herzen Kraft*

**Für 4 Personen**

*12 sehr kleine Artischocken*
*1 Stück Schale von einer unbehandelten Zitrone*
*2 Zucchini*
*1 Bund Petersilie*
*4 Knoblauchzehen*
*4 Schalotten*
*250 g Tagliatelle (schmale Bandnudeln)*
*2 EL Süßrahmbutter*
*einige grüne Pfefferkörner*
*150 ml trockener Weißwein*
*12 Salbeiblätter*
*2 EL Olivenöl*
*schwarzer Pfeffer aus der Mühle*
*Meersalz*

**Zubereitungszeit: 50 Min.**

**Artischocken** waschen, die Stiele und die unteren Blätter entfernen. 2 l Wasser (W) in einen Topf geben, Zitronenschale (H) einlegen, auf den Herd stellen und darin die kleinen Artischocken (F) zugedeckt 12 Min. köcheln lassen. Die Artischocken herausnehmen, abtropfen lassen und abgekühlt längs in dünne Scheiben schneiden.

**Zucchini** waschen, putzen und in feine Stifte schneiden. Die Petersilie waschen, trockenschütteln und klein hacken. Den Knoblauch und die Schalotten pellen und würfeln. Die Nudeln in dem Artischockenwasser bißfest kochen, abgießen (etwas Nudelwasser auffangen) und im Ofen bei 70° warm stellen.

**Pfanne** auf den Herd stellen (F). Die Artischockenscheiben (F) hineinlegen, die Butter (E) dazugeben und die Artischocken kräftig braun anbraten. Die Zucchinistreifen (E), Schalotten (M), grünen Pfeffer (M) und Knoblauch (M) dazugeben und anschwitzen. Mit etwas Nudelwasser (W) und Weißwein (H) ablöschen. Petersilie (H), Salbeiblätter (F) und Olivenöl (E) zugeben, vom Herd nehmen und die Nudeln (E) unterheben. Mit Pfeffer (M) und Salz (W) abschmecken.

# Endiviensalat mit Möhren

*baut Blut und Säfte auf*

**Für 4 Personen**

*1 großer Endiviensalat*
*4 kleine Zwiebeln*
*300 g Möhren*
*1 Bund Schnittlauch*
*4 Williams-Christ-Birnen*
*2 reife Avocados*
*2 EL Süßrahmbutter*
*schwarzer Pfeffer aus der Mühle*
*50 g Roquefort*
*4 EL Weißweinessig*
*2 EL Olivenöl*
*Meersalz*
*1 Bund Basilikum*
*2 EL saure Sahne*

ZUBEREITUNGSZEIT: 35 MIN.

ENDIVIENSALAT vom Strunk befreien, waschen und in Streifen schneiden. Die Zwiebeln pellen, halbieren und würfeln. Die Möhren schälen und in dünne Scheiben hobeln. Den Schnittlauch waschen, trockenschütteln und in Röllchen schneiden. Die Birnen und die Avocados schälen und in Stückchen schneiden.

PFANNE auf den Herd stellen (F), die Butter (E) schmelzen und die Möhren (E) und Zwiebeln 6–8 Min. darin dünsten. Mit Pfeffer (M) würzen. Den Roquefort (M/W) einlegen und den Weißweinessig (H) eingießen.

ENDIVIENSALAT (F) kurz in die Pfanne geben und diese dann vom Herd nehmen. Den Salat mit Olivenöl (E) beträufeln und Avocados (E), Birnen (E) und Schnittlauchröllchen (M) darüber streuen. Pfeffern (M) und salzen (W). Das Basilikum waschen und die Blättchen abzupfen. Den Salat mit der sauren Sahne (H) und Basilikumblättern (F) garnieren.

# Löwenzahnsalat mit Croûtons

*Energie für Herz und Leber*

**Für 4 Personen**

*800 g Löwenzahn*
*4 Scheiben Weißbrot*
*8 Eigelbe*
*1 EL Zitronensaft*
*1 Wacholderbeere*
*4 EL Süßrahmbutter*
*schwarzer Pfeffer aus der Mühle*
*Meersalz*
*2 EL Aceto Balsamico*
*etwas Paprikapulver*
*2 EL Olivenöl*
*1 EL Senf*

ZUBEREITUNGSZEIT: 45 MIN.

LÖWENZAHN gründlich waschen, putzen und kleinschneiden. Die Weißbrotscheiben entrinden, in Würfel schneiden und im Ofen bei 100° trocknen lassen. Einen Topf halb mit Wasser (W) füllen, 1 Spritzer Zitronensaft (H) dazugeben und den Topf auf den Herd stellen (F). Die Wacholderbeere (F) einlegen und alles kurz köcheln lassen. Den Herd abschalten und die Eigelbe für 2 Min. im Wasser erwärmen, herausnehmen und im Ofen bei 60° warm halten.

PFANNE auf mittlere Temperatur erhitzen, die Butter (E) darin schmelzen lassen und die Brotwürfel (E) darin von allen Seiten knusprig ausbacken. Mit Pfeffer (M) und Meersalz (W) würzen. Herausnehmen und ebenfalls warm stellen.

BRATENSATZ mit 2 EL Wasser (W) und dem Essig (H) ablöschen. Den Löwenzahn (F) einlegen und kurz anschwitzen. Vom Herd nehmen und mit Paprikapulver (F) bestreuen. Olivenöl (E), Senf (M), Pfeffer (M) und Meersalz (W) dazugeben und gut mischen. Den restlichen Zitronensaft (H) und etwas Paprikapulver (F) darübergeben und mit den Eigelben und Croûtons servieren.

# Panierter Sellerie

**Für 4 Personen**

2 unbehandelte Zitronen
1 Knollensellerie
250 g Süßrahmbutter
3 Eier
150 g Mehl
schwarzer Pfeffer aus der Mühle
Meersalz
1 Bund Basilikum
1 Knoblauchzehe
1 Schalotte
2 EL kleine Kapern oder Kapernfrüchte
etwas Paprikapulver
100 ml feines Olivenöl (z. B. aus Ligurien)
1 EL scharfer Senf
4 EL Aceto Balsamico
2 EL Sahne

ZUBEREITUNGSZEIT: 50 MIN.

## Nahrung für Ihr Feuerelement

**ZITRONEN** waschen, die Schalen abreiben und die Früchte auspressen. Schale und Saft in eine große Schüssel geben. Den Knollensellerie großzügig schälen und in Stücke schneiden, diese in dünne Scheiben hobeln und in den Zitronensaft legen, gut mischen.

**PFANNE** auf den Herd stellen und auf kleiner Flamme erwärmen (F). Die Süßrahmbutter (E) einlegen und schmelzen lassen, dabei den aufsteigenden weißen Schaum (Molke) abschöpfen.

**EIER** (E) in einem Teller mit einer Gabel verquirlen, Mehl (E) in einen zweiten Teller geben. Den Sellerie (M) abtropfen lassen, in mehreren Portionen durch die Eier, dann durch das Mehl ziehen und im heißen Fett knusprig ausbacken. Mit Pfeffer (M) und Meersalz (W) würzen. Mit Zitronensaft (H) beträufeln und im Backofen bei 70° warm halten.

**BASILIKUM** waschen und klein hacken. Knoblauch und Schalotte schälen und würfeln. Die Kapern (F), etwas Paprikapulver (F), Olivenöl (E), Knoblauchwürfel (M), Schalottenwürfel (M), Pfeffer (M), Senf (M), 4 EL Wasser (W) und Meersalz (W) vermischen und mit dem Essig (H) und Paprikapulver (F) würzen. Basilikum und Sahne unterrühren. Die Sauce zu den Selleriescheiben servieren.

# Geschmorter Spargel

**Für 4 Personen**

*24 dicke Spargelstangen*

*3 EL Zitronensaft*

*2 Möhren*

*2 Bund Schnittlauch*

*200 g Kirschtomaten*

*1 Bund Petersilie*

*2 EL Süßrahmbutter*

*2 EL Sahne*

*weißer Pfeffer aus der Mühle*

*Meersalz*

*1 TL Paprikapulver*

*2 EL feines Olivenöl (z. B. aus Ligurien)*

**Zubereitungszeit: 1 Std.**

*Kost für glückliche Herzen*

**Spargel** waschen und sorgfältig schälen. Unten schräg anschneiden, jede Stange schräg in 3 Teile schneiden. Einen Topf zur Hälfte mit Wasser (W) füllen, 1 Spritzer Zitronensaft (H) dazugeben und den Topf auf den Herd stellen (F). Die Spargelschalen (F) hinzufügen und daraus eine Brühe kochen.

**Möhren,** Schnittlauch, Tomaten und Petersilie waschen. Die Möhren schälen (die Schalen in die Brühe geben), in feine Streifchen schneiden. Schnittlauch in feine Röllchen schneiden, die Petersilie hacken, die Tomaten von den Stielansätzen befreien und halbieren.

**Pfanne** (mit Deckel) aufs Feuer stellen, mittlere Hitze einstellen und die unteren Spargelteile (F) einlegen, dann obenauf die Spitzen (F) legen. In die Pfannenmitte die Butter (E) geben und den Spargel darin 3–4 Min. schmoren, ohne zu rütteln. Spargel wenden und weitere 4 Min. schmoren. Die Möhrenstreifen (E) darüber streuen, die Sahne (E) dazugeben und den Deckel auflegen. Die Hitze reduzieren und das Gemüse in etwa 5 Min. fertig dünsten.

**Schnittlauch** (M), Pfeffer (M), etwas eingekochte Brühe (W), Meersalz (W), gehackte Petersilie (H), Tomaten (H), restlichen Zitronensaft (H), Paprikapulver (F) und Olivenöl (E) hinzufügen und gut durchmischen.

# Topinamburgemüse

**Für 4 Personen**

*500 g Topinambur*

*500 g mehligkochende Kartoffeln*

*2 Möhren*

*1 Zwiebel*

*1 Lorbeerblatt*

*1 Sternanis*

*1/2 unbehandelte Zitrone*

*4 Wacholderbeeren*

*1 Petersilienwurzel*

*2 EL Süßrahmbutter*

*weißer Pfeffer aus der Mühle*

*Meersalz*

*2 EL saure Sahne*

*etwas Paprikapulver*

ZUBEREITUNGSZEIT: 1 STD.

*löst Blockaden im Feuerelement*

TOPINAMBUR (F) waschen, schälen und in Scheiben in einen Topf hobeln. Mit den Kartoffeln (E) ebenso verfahren. Die Möhren (E) schälen und in feinen Scheiben darüber hobeln. Zwiebel (M) pellen und ebenfalls darüber hobeln. Lorbeerblatt (M) und Sternanis (M) dazugeben. Mit Wasser (W) auffüllen.

ZITRONE waschen, die Schale abreiben und die Frucht auspressen. Zitronensaft (H) und -schale (H) sowie die Wacholderbeeren (F) zu den Topinambur geben und den Topf auf den Herd stellen (F). Petersilienwurzel (E) schälen und in feinen Scheiben über den Topinambur und die Kartoffeln hobeln. Das Gemüse im geschlossenen Topf 20 Min. garen.

BRÜHE in einen zweiten Topf umgießen und auf 300 ml einköcheln lassen. Die Butter (E) auf das Gemüse geben, pfeffern (M) und salzen (W) und die Brühe eingießen (W). Das Gemüse mit einem Stampfer zu Brei drücken. Die saure Sahne (H) und das Paprikapulver (F) einrühren. Wer mag, kann sich Brotwürfel zu knusprigen Croûtons braten und diese auf dem Topinamburgemüse verteilen.

# Entenlebern mit Rhabarber

*regeneriert Blut und Säfte*

**Für 4 Personen**

*4 Stangen Rhabarber*
*2 Schalotten*
*2 Knoblauchzehen*
*120 g Feldsalat (ersatzweise Rucola)*
*2 EL Süßrahmbutter*
*schwarzer Pfeffer aus der Mühle*
*Meersalz*
*4 Entenlebern*
*1 EL Aceto Balsamico*
*2 Wacholderbeeren*
*4 frische Feigen*

ZUBEREITUNGSZEIT: 30 MIN.

RHABARBERSTANGEN vom Ende her häuten und in schräge, 5 cm große Stücke schneiden. Die Schalotten und die Knoblauchzehen schälen und klein würfeln. Den Feldsalat gründlich waschen und putzen.
PFANNE auf den Herd stellen (F) und 1 EL Butter (E) darin schmelzen lassen. Knoblauch (M) und Schalotten (M) ringförmig am äußeren Pfannenrand einlegen, Pfeffer (M) und 1 Prise Salz (W) dazugeben und die Entenlebern (H) in die Pfannenmitte legen. Die Lebern auf beiden Seiten jeweils 4 Min. braten, herausnehmen und im Ofen bei 70° warm halten.
RHABARBER (H) in der Pfanne schmoren. Etwas Essig (H) und Wacholderbeeren (F) dazugeben. Die restliche Butter (E) und die ganzen Feigen hinzufügen und alles pfeffern (M). Mit 6 EL Wasser (W) ablöschen, etwas einköcheln lassen und salzen (W). Mit restlichem Essig (H) abschmecken und auf Tellern verteilen. Die Lebern auf den Rhabarber legen und mit dem Feldsalat (F) garnieren.

# Gerösteter Hafer mit Basilikum

*macht rundum zufrieden*

**Für 4 Personen**

*200 g Sprießkornhafer*
*2 Bund Rucola*
*2 Bund Basilikum*
*10 EL Olivenöl*
*4 Knoblauchzehen*
*schwarzer Pfeffer aus der Mühle*
*Meersalz*
*1 Zwiebel*
*1 weiße Rübe*
*2 Petersilienwurzeln*
*1 rote Paprikaschote*
*1 Apfel (z. B. Cox Orange)*
*Saft von 1 Zitrone*
*etwas Paprikapulver*

ZUBEREITUNGSZEIT: 1 STD.
PLUS 3–4 TAGE KEIMZEIT

HAFER über Nacht in Wasser einweichen. Morgens abgießen und mit einem Deckel verschließen. Alle 8 Std. mit frischem Wasser abbrausen. Nach 3–4 Tagen keimt das Getreide.

RUCOLA (F) und Basilikum (F) waschen, jeweils 4 Spitzen zur Dekoration beiseite legen, den Rest klein hacken und in den Mixbecher geben. 9 EL Olivenöl (E), gepellte Knoblauchzehen (M), Pfeffer (M) und Meersalz (W) dazugeben und mit dem Pürierstab fein mixen.

ZWIEBEL pellen und würfeln. Weiße Rübe schälen und ebenfalls würfeln. Die Petersilienwurzeln schälen und in feine Streifen hobeln oder schneiden. Paprikaschote in 6 Teile schneiden, die Enden großzügig abschneiden, Schote eventuell mit einem flexiblen Messer wie ein Fischfilet enthäuten. Die Stücke in Würfelchen schneiden.

APFEL schälen, entkernen und in dünne Scheiben schneiden. Einen Topf auf mittlerer Temperatur erhitzen, den Hafer (F) einfüllen und 6–8 Min. rösten. Paprikawürfeln (E), Apfelscheiben (E) und Petersilienwurzel (E) sowie Zwiebel- (M) und Rübenwürfelchen (M) dazugeben. Mit 500 ml Wasser (W) und Zitronensaft (H) sowie 1 Prise Paprikapulver (F) zugedeckt in 15 Min. gar köcheln. Restliches Olivenöl (E), Pfeffer (M) und Salz (W) darüber streuen. Mit der Sauce anrichten und mit einigen Spritzern Zitronensaft (H) abschmecken. Mit den Kräutern (F) dekorieren.

# Gefüllte rote Bete

*erneuert die Säfte und das Blut*

**Für 4 Personen**

*1 kleiner weißer Rettich*
*2 große Möhren*
*8 kleine rote Bete*
*2 Zucchini*
*2 Bund Petersilie*
*1 Zwiebel*
*100 g roter Camargue-Reis (ersatzweise Weizen)*
*4 EL Sahne*
*schwarzer Pfeffer aus der Mühle*
*150 ml Weißwein*
*etwas Paprikapulver*
*Meersalz*
*1 TL Zitronensaft*

ZUBEREITUNGSZEIT: 1 1/2 STD.

RETTICH, Möhren und die roten Beten schälen. Von den Beten »Deckel« abschneiden. Rettich und Möhren in kleine Würfel schneiden. Die Beten mit einem Kugelausstecher aushöhlen, so daß der Rand und der Boden ganz bleiben. Die Zucchini waschen und würfeln. Petersilie waschen, trockenschütteln, die Spitzen kreisförmig in tiefen Tellern auslegen und den Rest hacken. Zwiebel schälen und würfeln.

REIS verlesen, in einem Topf auf den Herd stellen (F) und 7–8 Min. rösten. 1 EL Sahne (E) eingießen, pfeffern (M) und mit 200 ml Wasser (W) ablöschen. In 15–20 Min. fertig garen, Hitze abschalten und 10 Min. nachgaren. 100 ml Wasser (W) und Weißwein (H) gemischt in 2 Töpfen verteilen und Paprikapulver (F) hineinstreuen. Auf den Herd stellen (F) und in einen Topf die roten Beten (F) geben und 5 Min. dünsten, die Beten-Würfel (F) einfüllen und weitere 3 Min. dünsten. Herausnehmen und die Sauce mit restlicher Sahne (E) einkochen lassen.

MÖHREN- (E), Zucchini- (E), Rettich (M) und Zwiebel inzwischen im anderen Topf 5 Min. garen. Herausnehmen und die Sauce einköcheln lassen. Die roten Beten und die Sauce pfeffern (M). Alle Gemüsewürfel salzen (W) und mit wenig Zitronensaft (H) marinieren. Die Petersilie dazugeben. In die roten Bete füllen und mit den Saucen beträufeln. Mit dem Reis zusammen anrichten.

# Marinierte Lammkoteletts

### Für 4 Personen

*12 Lammkoteletts*

*1 Bund Rosmarin*

*1 Bund Thymian*

*8 Knoblauchzehen*

*8 Oliven*

*4 Wacholderbeeren*

*100 ml Olivenöl*

*1 EL schwarze Pfefferkörner*

*1 Sternanis*

*Schale von 1 unbehandelte Zitrone*

*1 Prise Paprikapulver*

*schwarzer Pfeffer aus der Mühle*

*Meersalz*

ZUBEREITUNGSZEIT: 45 MIN.
PLUS 24 STD. MARINIERZEIT

*Energie für Herz und Nieren*

**LAMMKOTELETTS** (F) am Fettrand einschneiden und in eine Glasschale legen. Rosmarin und Thymian waschen, Knoblauchzehen schälen. Oliven entsteinen und hacken. Rosmarin (F), Wacholderbeeren (F), Olivenöl (E), Pfefferkörner (M), Sternanis (M), Knoblauch (M), Thymian (M), 2 EL Wasser (W) und abgeriebene Zitronenschale (H) sowie Paprikapulver (F) und die Oliven (F) dazugeben. Die Koteletts darin 24 Std. marinieren, dabei öfter wenden.

**PFANNE** auf mittlerer Temperatur erhitzen (F). Die Lammkoteletts (F) aus der Marinade nehmen und in die Pfanne legen. Auf beiden Seiten jeweils 5–6 Min. knusprig braten. Im Backofen bei 70° warm stellen.

**BRATENSATZ** mit etwas Marinade ablöschen und die Sauce zu den Lammkoteletts geben. Pfeffern (M) und salzen (W). Dazu schmecken Kartoffeln oder Baguette.

# Pastinakengratin

### Für 4 Personen

*4 Tomaten · 2 große Pastinaken*

*4 große Kartoffeln · 2 Petersilienwurzeln*

*2 Möhren · 2 Zwiebeln*

*Currypulver · Meersalz*

*500 ml Geflügelbrühe · 2 EL Crème fraîche*

*etwas Paprikapulver · 150 g Sahne*

**Zubereitungszeit: 45 Min. plus 1 1/2 Std. Backzeit**

*macht einfach frohe Laune*

**Tomaten** waschen und in Scheiben schneiden. Pastinaken, Kartoffeln, Petersilienwurzeln und Möhren schälen, waschen und in Scheiben hobeln. Zwiebeln schälen und hobeln. Ofen auf 160° (Umluft 140°) vorheizen.

**Form** nacheinander mit Tomaten (H), Pastinaken (F), Kartoffeln (E), Petersilienwurzeln (E), Möhren (E) und Zwiebeln füllen. Curry (M), Salz (W), Brühe (W), Crème fraîche (H) und Paprika (F) dazugeben. Die Sahne (E) darüber gießen und das Gratin 1 1/2 Std. im Ofen backen.

# Rosenkohl mit Mandeln

### Für 4 Personen

*800 g Rosenkohl*

*1 Zwiebel*

*200 g geschälte Mandeln*

*2 EL. Süßrahmbutter*

*4 EL Sahne*

*8 Korianderkörner*

*Meersalz*

*Zitronensaft · etwas Paprikapulver*

**Zubereitungszeit: 35 Min.**

*Energie fürs Herz*

**Rosenkohl** waschen, halbieren und putzen. Zwiebel schälen und würfeln. Rosenkohl (F), die Mandeln (F) und die Butter (E) in einem Topf in 8–10 Min. bißfest schmoren.

**Sahne** (E), Korianderkörner (M) und Zwiebelwürfel (M) zum Rosenkohl geben. Den Topf vom Herd ziehen. Rosenkohl mit Meersalz (W), Zitronensaft (H) und etwas Paprikapulver (F) abschmecken.

# Hühnerherzenspieße

*erfreut Herz und Auge*

**Für 4 Personen**

*24 Hühnerherzen*
*8 Maronen*
*8 kleine Zwiebeln*
*8 Kirschtomaten*
*5 Stengel Zitronengras*
*1 unbehandelte Zitrone*
*1 TL Bockshornkleesamen*
*100 g Rundkornreis*
*1 TL Senfpulver*
*1 walnußgroßes Stück Ingwer*
*Currypulver*
*Meersalz*
*etwas Paprikapulver*
*2 EL Süßrahmbutter*

**Zubereitungszeit: 45 Min.**

**Hühnerherzen** waschen und abtropfen lassen. Backofen auf 200° (Umluft 180°) vorheizen. Maronen kreuzweise einschneiden, auf einem Backblech verteilen und im Ofen 15 Min. rösten, herausnehmen und schälen. Zwiebeln schälen. Tomaten waschen und von den Stielansätzen befreien.

**Zitronengras** waschen und halbieren. 8 Hälften schräg anschneiden und 1 Stengel klein hacken. Zitrone waschen, die Schale abreiben und den Saft auspressen. Einen Topf auf den Herd stellen, das kleingeschnittene Zitronengras (F) hineingeben. Den Bockshornklee (F) und den Reis (E) hineingeben und 10 Min. rösten, dabei ab und zu umrühren.

**Reis** mit Senfpulver (M) bestäuben und mit 250 ml Wasser (W) ablöschen. Etwas Zitronenschale (H) und -saft (H) hinzufügen und bei nicht ganz aufgelegtem Deckel in 15 Min. fertig garen. Im Ofen warm halten.

**Auf** jeden Zitronengras-Spieß 3 Hühnerherzen (F) stecken, danach je 1 Marone (E), 1 Ingwerscheibe (M) und 1 Zwiebel (M). Currypulver (M) und Meersalz (W) darüber streuen und mit je 1 Tomate (H) krönen. Spieße in eine Pfanne legen, restlichen Zitronensaft (H) und -schale (H) nach Geschmack dazugeben und auf den Herd stellen (F). Butter (E) hineingeben und die Spieße von beiden Seiten fertig braten. Auf dem Reis anrichten.

# ERDELEMENT*

ERNTEZEIT – süßer Genuß! Süßes beruhigt, stimmt gut gelaunt, stiftet Frieden und fördert die harmonische Gemeinschaft.

EIN gut genährter Bauch sorgt für Gemütlichkeit und verteilt die Energie gleichmäßig in allen Zellen unseres Körpers. Und das Bindegewebe sorgt für Zusammenhalt. Die Rezepte dieses Elementes schaffen Gleichgewicht in Körper, Seele und Geist.

KOCHEN Sie sich etwas aus dem Erdelement, wenn

➤ Sie sich oft müde und energielos fühlen,

➤ Ihr Bauch durch Turbulenzen und Druck sein Unbehagen zeigt,

➤ Sie Probleme mit Ihrem Bindegewebe haben,

➤ Sie oft grübeln und sich Sorgen machen,

➤ Sie sich im Spätsommer besonders pflegen wollen.

# Graupensüppchen mit Gemüse

*unterstützt Ihr Erdelement*

**Für 4 Personen**

4 Möhren

1 kleine Stange Lauch

1/4 Sellerieknolle

2 Zwiebeln

200 g Graupen (Rollgerste)

etwas Schale von einer unbehandelten Zitrone

1 EL Zitronensaft

2 Wacholderbeeren

1 1/2 l Geflügel- oder Gemüsebrühe

etwas Paprikapulver

4 Eigelbe

100 g Sahne

weißer Pfeffer aus der Mühle

etwas geriebene Muskatnuß

Meersalz

**ZUBEREITUNGSZEIT: 40 MIN.**

**MÖHREN** waschen, schälen und in Würfel schneiden. Den Lauch putzen, waschen und in Halbringe schneiden. Den Sellerie putzen, waschen und würfeln. Die Zwiebeln schälen und ebenfalls klein würfeln.

**GRAUPEN** (W) verlesen und in einen Topf geben. Zitrone waschen und etwas Schale abreiben. Die Frucht auspressen. Zitronenschale (H) und Wacholderbeeren (F) zu den Graupen geben und diese bei mittlerer Hitze 12 Min. rösten. Sellerie- (F) und Möhrenwürfel (E), Lauch (M) und Zwiebeln (M) dazugeben und kurz anschwitzen. Mit der Brühe (W) ablöschen.

**ZITRONENSAFT** (H) und Paprikapulver (F) zur Suppe geben. Den Deckel auflegen und alles 15 Min. köcheln. Eigelbe (E) und Sahne (E) vermischen. Die Suppe vom Herd nehmen, etwas abkühlen lassen und die Ei-Sahne-Mischung unterziehen. Pfeffer (M) und Muskatnuß (M) einstreuen und die Suppe mit Meersalz (W) abschmecken.

# Schwarzwurzelsalat mit braunen Champignons

**Für 4 Personen**

*100 g Kerbel*

*2 Bund Schnittlauch*

*2 Zwiebeln*

*1 Knoblauchzehe*

*300 g braune Champignons*

*500 g kleine Kartoffeln*

*800 g Schwarzwurzeln*

*3 EL Weißweinessig*

*2 TL Paprikapulver*

*etwas geriebene Muskatnuß*

*1 Lorbeerblatt*

*1 EL Pimentkörner*

*500 ml Geflügelbrühe*

*2 EL Süßrahmbutter*

*weißer Pfeffer aus der Mühle*

*Meersalz*

*3 Eigelbe*

*1 EL scharfer Senf*

Zubereitungszeit: 2 1/2 Std.

*stärkt Milz und Bauchspeicheldrüse*

Kerbel und Schnittlauch waschen, Zwiebeln und Knoblauch schälen und alles (nur 1 Zwiebel) hacken. Die Pilze putzen, die Kartoffeln waschen und schälen. Die Schwarzwurzeln bürsten, schälen (mit Handschuhen, da sie abfärben) und in Rauten schneiden. 2 EL Weinessig (H) und 1 TL Paprikapulver (F) in eine Schale geben und mit den Schwarzwurzeln (E) mischen.

Sud aus 1 ganzen Zwiebel (M), geriebener Muskatnuß (M), Lorbeerblatt (M) Piment (M), 200 ml Wasser (W), Brühe (W) und restlichem Weinessig (H) kochen. Restliches Paprikapulver (F) und die Schwarzwurzeln (E) dazugeben und 5 Min. garen.

Pfanne auf den Herd stellen, Süßrahmbutter (E) und Pilze (E) einlegen, mit der gehackten Zwiebel (M) und Knoblauch (M) bestreuen, die Pilze auf jeder Seite 6 Min. anbraten.

Kartoffeln (E) zu den Schwarzwurzeln geben und in 25 Min. fertig garen, herausnehmen und die Brühe auf 300 ml einkochen lassen. Die Pilze auf Tellern verteilen, pfeffern (M) und salzen (W).

Eigelbe (E), Schnittlauch (M), Pfeffer (M), Senf (M), Salz (W) und Brühe (W) auf die Gemüse geben und mit Kerbel (H) vermengen. Das Gemüse neben den Pilzen anrichten.

# Zuckerschotensalat

*füttert Ihr Erdelement*

**Für 4 Personen**

*500 g Zuckerschoten*
*2 Möhren*
*2 Zucchini*
*2 Zwiebeln*
*4 Äpfel (z. B. Boskop)*
*3 EL Zitronensaft*
*etwas Paprikapulver*
*4 reife Williams-Christ-Birnen*
*schwarzer Pfeffer aus der Mühle*
*1 EL Süßrahmbutter*
*1 Msp. Currypulver*
*Meersalz*
*1 EL Kürbiskernöl*
*2 EL Aceto Balsamico*
*1 EL Sahne*

**ZUBEREITUNGSZEIT: 35 MIN.**

**ZUCKERSCHOTEN** waschen und die Enden abschneiden. Die Möhren schälen, die Zucchini waschen und beides in feine Streifen schneiden. Die Zwiebeln pellen und fein würfeln.

**ÄPFEL** (H) schälen, halbieren, entkernen und in dünnen Schnitzen in eine Schüssel hobeln. Mit Zitronensaft (H) begießen und gut mischen. Etwas Paprikapulver (F) darüber streuen. Die Birnen (E) schälen, halbieren, entkernen, zu den Äpfeln hobeln und pfeffern (M).

**PFANNE** bei mittlerer Hitze auf den Herd stellen (F) und die Zuckerschoten (E) sowie die Süßrahmbutter (E) einlegen, Zucchini- und Möhrenstreifen (E) hinzufügen und mit den Zwiebelwürfeln (M) bestreuen. Alles pfeffern (M) und wenden, 5–7 Min. garen und vom Herd nehmen.

**ÄPFEL** und Birnen dazugeben und mit Currypulver (M), Meersalz (W), Kürbiskernöl (W), Essig (H), Paprikapulver (F) und Sahne (E) vermischen.

# Gebratene Austernpilze

*wirkt blutverflüssigend*

**Für 4 Personen**

2 Bund Petersilie
1 Bund Schnittlauch
4 Schalotten
6 Knoblauchzehen
600 g Austernpilze
200 g Rundkornreis
2 Zweige Rosmarin
2 EL Süßrahmbutter
schwarzer Pfeffer aus der Mühle
Meersalz
2 EL Aceto Balsamico

ZUBEREITUNGSZEIT: 40 MIN.

PETERSILIE und Schnittlauch waschen. Die Teller am Rand mit Petersilienspitzen garnieren. Restliche Petersilie klein hacken. Schnittlauch in Röllchen schneiden. Schalotten und Knoblauch pellen und würfeln. Die Pilze putzen und in Streifen schneiden.

REIS verlesen. In einen warmen Topf (F) 1 Rosmarinzweig (F) legen und den Reis (E) hineingeben. 8 Min. rösten, dabei ab und zu wenden. Ein Viertel der Schalottenwürfel (M), 400 ml Wasser (W) und 4 EL Petersilie (H) hinzufügen und bei halb geschlossenem Deckel 10 Min. garen. Deckel auflegen und 5 Min. ruhen lassen.

INZWISCHEN eine Pfanne bei mittlerer Hitze auf den Herd stellen (F) und die Süßrahmbutter (E) darin schmelzen. Die Pilze (E), die restlichen Schalotten (M) und den Knoblauch (M) dazugeben. 12 Min. braten, dabei zweimal wenden. Wenn alles eine schöne braune Farbe hat, pfeffern (M), salzen (W) und mit 150 ml Wasser (W) ablöschen. Den Aceto Balsamico (H) dazugießen und den restlichen Rosmarin (F) einlegen. Die Sauce kurz einköcheln lassen, den Rosmarinzweig entfernen und die Sauce mit dem Reis servieren.

# Überbackene Kartoffeln mit Avocados

*nährt Ihr Erdelement*

**Für 4 Personen**

*8 große festkochende Kartoffeln*
*4 Möhren*
*2 Petersilienwurzeln*
*1 Bund Petersilie*
*2 EL frischer Majoran (ersatzweise 1 EL getrockneter Majoran)*
*weißer Pfeffer aus der Mühle*
*1 Stückchen unbehandelte Zitronenschale*
*etwas Paprikapulver*
*2 EL Senf*
*250 g Münsterkäse*
*300 ml Gemüsebrühe*
*4 EL Sahne*
*4 TL Süßrahmbutter*
*2 reife Avocados*
*Meersalz*

**ZUBEREITUNGSZEIT: 1 STD. PLUS 15 MIN. BACKZEIT**

**KARTOFFELN,** Möhren, Petersilienwurzeln, Petersilie und Majoran waschen und die Kräuter trockenschütteln. Von der Petersilie ein paar Spitzen zur Dekoration beiseite legen, den Rest und den Majoran hacken. Die Kartoffeln schälen und mit dem Kugelausstecher aushöhlen. Möhren und Petersilienwurzeln schälen und kleinschneiden.

**KARTOFFELFLEISCH** (E), 1 Möhre (E), 1/2 Petersilienwurzel (E), Pfeffer (M) und 200 ml Wasser (W) zu einer Brühe kochen, dann abgießen. Zitronenschale (H) und Paprikapulver (F) in den Sud geben und die ausgehöhlten Kartoffeln (E) darin in 10 Min. gar kochen. Herausnehmen und in eine feuerfeste Form legen. Den Backofen auf 140° (Umluft 120°) vorheizen.

**IN** der Brühe nacheinander die restlichen Möhren (E) und die übrige Petersilienwurzel (E) gar köcheln, in die Kartoffeln (E) füllen, Senf (M), Pfeffer (M), Käse (M/W), Brühe (W), Petersilie (H) und Majoran (F) dazugeben. Die Kartoffeln mit Sahne (E) begießen. Die Butter in Flöckchen darüber verteilen und die Kartoffeln im Ofen 15 Min. backen.

**AVOCADOS** (E) schälen, in Scheiben schneiden und vor dem Servieren auf die Kartoffeln legen. Pfeffern (M), salzen (W) und mit der beiseite gelegten Petersilie (H) dekorieren.

# Zucchinichips mit Mayonnaise

**Für 4 Personen**

*8 mittelgroße Zucchini*
*2 Zweige Thymian*
*1 unbehandelte Zitrone*
*4 Knoblauchzehen*
*schwarzer Pfeffer aus der Mühle*
*4 EL Sesamkörner*
*4 Zweige Rosmarin*
*2 EL Süßrahmbutter*
*4 Eigelbe*
*200 ml feines Olivenöl (z. B. aus Ligurien)*
*1 EL scharfer Senf*
*Meersalz*
*4 EL saure Sahne*
*etwas Paprikapulver*

**ZUBEREITUNGSZEIT: 25 MIN. PLUS 1 STD. BACKZEIT**

*ein Fest für jede Zelle des Körpers*

**ZUCCHINI** (E) waschen, putzen und in Scheiben auf zwei mit Backpapier ausgelegte Backbleche hobeln. Den Thymian (M) waschen, von den Stielen zupfen und über die Zucchini geben. Die Zitrone waschen, die Schale abreiben und die Frucht auspressen. Den Backofen auf 140° (Umluft 120°) vorheizen.

**KNOBLAUCH** (M) schälen und würfeln, drei Viertel davon über die Zucchini geben. Pfeffern (M), mit Sesam (W), Zitronenschale (H) sowie dem Rosmarin (F) bestreuen, mit der Butter in Flöckchen belegen (E) und die Zucchini im Ofen in 1 Std. knusprig ausbacken.

**EIGELBE** und Olivenöl zu einer Mayonnaise rühren: Erst die Eigelbe (E) gut verschlagen und dann das Öl (E) tropfenweise zugeben. Den Senf (M) einrühren, pfeffern (M) und salzen (W). Den Zitronensaft (H) nach Geschmack und die saure Sahne (H) unterrühren und die Mayonnaise mit Paprikapulver (F) bestreuen. Zusammen mit den Zucchinichips servieren.

**ÜBRIGE** Mayonnaise hält sich im Kühlschrank mehrere Tage.

# Champignongratin

*spendet Feuchtigkeit und Energie*

**Für 4 Personen**

*500 g Champignons*

*1 kg mehligkochende Kartoffeln*

*2 Bund Frühlingszwiebeln*

*etwas Paprikapulver · 3 Eigelbe*

*200 g Sahne*

*schwarzer Pfeffer aus der Mühle*

*200 g Gorgonzola · 3 EL Crème fraîche*

*1 EL Olivenöl · Meersalz*

**ZUBEREITUNGSZEIT: 50 MIN.
PLUS 1 1/4 STD. BACKZEIT**

PILZE putzen und in Scheiben schneiden. Die Kartoffeln schälen und in dünne Scheiben hobeln. Die Frühlingszwiebeln putzen, waschen und in Ringe schneiden. Den Backofen auf 120° (Umluft 100°) vorheizen.

PAPRIKA (F) in eine feuerfeste Form streuen und Kartoffeln (E) und Pilze (E) einschichten. Die Eigelbe (E) mit der Sahne (E) verquirlen und über das Gemüse gießen. Zwiebeln (M), Pfeffer (M), Gorgonzola (M/W) und Crème fraîche (H) darübergeben. Dann das Gratin im Ofen 1 1/4 Std. backen (F). Mit Olivenöl (E) beträufeln, pfeffern (M) und salzen (W).

# Quinoa mit Champagner

*Power für Ihr Erdelement*

**Für 4 Personen**

*1 kleiner Spitzkohl · 2 Schalotten*

*200 g Quinoa (aus Reformhaus oder Bioladen)*

*2 Pimentkörner*

*250 ml Champagner (Prosecco oder Wasser)*

*1 Stück unbehandelte Zitronenschale*

*2 Wacholderbeeren*

*2 EL feines Olivenöl (z. B. aus Ligurien)*

*1 Prise Currypulver · Meersalz*

**ZUBEREITUNGSZEIT: 40 MIN.**

SPITZKOHL vierteln und den Strunk entfernen. Den Kohl waschen und in Streifen schneiden. Die Schalotten schälen und würfeln. Einen Topf auf den Herd stellen (F), Quinoa (E) darin 5 Min. rösten, dabei öfter wenden.

SCHALOTTEN (M), Piment (M), Spitzkohl (W), 300 ml Wasser (W) und Champagner (H) dazugeben. Zitronenschale (H) und Wacholderbeeren (F) einlegen und alles 8–9 Min. garen. Olivenöl (E), Curry (M) und Salz (W) darüber streuen und gut unterheben.

# Risotto mit Dill

*bringt Ihr Erdelement in Schwung*

**Für 4 Personen**

*2 Bund Rucola*
*2 Bund Dill*
*1 Stange Lauch*
*2 Zwiebeln*
*1 Knoblauchzehe*
*1 Möhre*
*1 Zucchino*
*200 g Rundkornreis*
*1 EL Senfkörner*
*weißer Pfeffer aus der Mühle*
*1 EL Weißweinessig*
*1 EL Süßrahmbutter*
*Meersalz*

Zubereitungszeit: 40 Min.

Rucola, Dill und Lauch waschen, putzen und kleinschneiden. Die Zwiebeln und den Knoblauch pellen und fein würfeln. Die Möhre und den Zucchino waschen, die Möhre schälen und beides in feine Streifen schneiden oder hobeln.

Reis (E) verlesen und in einem Topf bei mittlerer Hitze 10 Min. rösten, dabei ab und zu umrühren. Möhre (E), Zucchino (E), Zwiebeln (M), Knoblauch (M), Lauch (M), Senfkörner (M), Pfeffer (M), 400 ml Wasser (W) und Weinessig (H) dazugeben und den Reis 12 Min. garen.

Herd abschalten und den Rucola (F), den Dill (E) und die Süßrahmbutter (E) zum Reis geben. 5 Min. nachgaren. Den Risotto mit Pfeffer (M) und Meersalz (W) würzen.

# Gemüse-Sushi

*baut Säfte auf*

**Für 4 Personen**

*2 große Möhren*
*1 Salatgurke*
*2 Stangen Lauch*
*200 g Sushi-Reis oder Rundkornreis*
*weißer Pfeffer aus der Mühle*
*Meersalz*
*1 EL Reisessig (oder milder Weißweinessig)*
*1 Paket Sushi-nori (gepreßte Algenblätter; aus dem Asienladen)*
*10 dünne Scheiben Serrano-Schinken*
*etwas Paprikapulver*
*Wasabi-Paste (aus dem Asienladen; ersatzweise Meerrettich)*
*Sojasauce*

ZUBEREITUNGSZEIT: 1 1/4 STD.

MÖHREN und Gurke schälen. Die Gurke mit einem Teelöffel entkernen und Möhren und Gurke in lange Streifen schneiden. Den Lauch putzen und waschen.

TOPF auf mittlerer Temperatur erhitzen (F), den Reis (E) verlesen und im Topf 8 Min. rösten, dabei ständig rühren, damit er keine Farbe annimmt. Mit Pfeffer (M) und 400 ml Wasser (W) auffüllen. Den Deckel auflegen und den Reis 10 Min. garen, ohne den Deckel zu heben. 5 Min. auf abgeschalteter Herdplatte nachgaren lassen. Den Reis abkühlen lassen, salzen (W) und mit dem Reisessig (H) säuern.

ALGENBLÄTTER (W) auf einem großen Brett verteilen (darunter ein Küchentuch oder eine Bastmatte legen) und auf jedes Blatt in die Mitte 1 Scheibe Schinken (W) legen. Es sollten zwei 3 cm breite Ränder bleiben. Den Reis (H) darauf verteilen und glattdrücken.

REIS quer mit Gurken (H), Paprikapulver (F), Möhren (E), Lauch (M), sehr wenig Wasabi (M) und Meersalz (W) dicht belegen, die Algenblätter darüber schlagen, mit Hilfe des Tuches oder der Matte zu Rollen formen und festdrücken. Mit einem sehr scharfen, in Wasser getauchten Messer die Rollen quer in Stücke schneiden. Wasabi (M) und Sojasauce (W) dazu reichen.

# Kartoffelpüree mit Trüffelöl

*baut Yin auf*

**Für 4 Personen**

*4 Wacholderbeeren*

*1 1/2 kg mehligkochende Kartoffeln*

*2 Zwiebeln*

*1 Knoblauchzehe*

*1 Lorbeerblatt*

*1 Stück unbehandelte Zitronenschale*

*etwas Paprikapulver*

*150 g Süßrahmbutter*

*300 ml Milch*

*etwas Muskatnuß*

*schwarzer Pfeffer aus der Mühle*

*Meersalz*

*4 EL saure Sahne*

*4 EL Trüffelöl (ersatzweise Olivenöl)*

**Zubereitungszeit: 1 Std.**

**Wacholderbeeren** (F) in einen Topf geben. Die Kartoffeln (E) waschen, schälen, in Stücke schneiden und ebenfalls in den Topf legen. Die Zwiebeln und den Knoblauch pellen und würfeln. Zwiebeln (M), Knoblauch (M) und Lorbeerblatt (M) zu den Kartoffeln geben. 500 ml Wasser (W) dazugießen und die Zitronenschale (H) einlegen.

**Kartoffeln** 20 Min. köcheln lassen. Das Wasser abgießen, dabei auffangen und auf etwa 200 ml einkochen lassen. 1 Msp. Paprikapulver (F) über die Kartoffeln streuen, die Süßrahmbutter (E) und die Milch (E) hinzufügen.

**Muskatnuss** (M) reiben und dazugeben, Pfeffer (M) Meersalz (W) und Kartoffelbrühe (W) hinzufügen und alles mit dem Pürierstab sorgfältig pürieren. Das Püree auf Tellern verteilen, jeweils in die Mitte eine Kuhle drücken und je 1 EL saure Sahne (H) hineingeben. Sehr wenig Paprikapulver (F) darüber stäuben und jeweils 1 EL Trüffelöl (E) darüber gießen.

# Spaghetti mit Zuckerschoten

*Yin-Aufbau für Groß und Klein*

**Für 4 Personen**

*1 kleine Stange Lauch*
*250 g Zuckerschoten*
*2 Möhren*
*2 kleine Zucchini*
*1 Zwiebel*
*1 Knoblauchzehe*
*3 EL Zitronensaft*
*etwas Paprikapulver*
*500 g Spaghetti*
*2 Sternanis*
*2 EL Süßrahmbutter*
*1 Bund Petersilie*
*Meersalz*
*2 EL Sahne*
*schwarzer Pfeffer aus der Mühle*

ZUBEREITUNGSZEIT: 1 1/2 STD.

LAUCH längs halbieren, waschen und in Halbringe schneiden. Von den Zuckerschoten die Enden abschneiden, die Schoten waschen und in Streifen schneiden. Die Möhren schälen, Zucchini waschen und beides längs in feine Streifen schneiden.

ZWIEBEL und Knoblauch pellen. Die Zwiebel halbieren und quer in Streifen schneiden. 2 l Wasser (W) in einen Topf füllen, 2 EL Zitronensaft (H) eingießen, Paprikapulver (F) dazugeben, auf den Herd stellen und zum Kochen bringen (F).

SPAGHETTI (E), Knoblauch (M) und 1 Sternanis (M) ins Wasser legen und umrühren, damit die Nudeln locker auseinanderfallen. Spaghetti nach Packungsanweisung kochen.

WÄHREND die Nudeln kochen, eine Pfanne bei mittlerer Hitze erwärmen, Süßrahmbutter (E), Zuckerschoten (E), Möhren (E), Zucchini (E), Lauch (M), Zwiebel (M) und restlichen Sternanis (M) einlegen und 8 Min. schmoren. Die Petersilie waschen und hacken.

GEMÜSESTREIFEN vom Herd nehmen, salzen (W), restlichen Zitronensaft (H), Petersilie (H), Paprikapulver (F), Sahne (E) und Pfeffer (M) dazugeben. Nudeln abgießen (dabei den Knoblauch und Sternanis entfernen) und mit dem Gemüse mischen.

# Heiße Mirabellen mit Nougatparfait

*entspannt das Erdelement*

**Ergibt 1 1/2 l Eis**

*500 ml Milch*
*1 Vanilleschote*
*6 Eier*
*100 g Ursüße (Reformhaus)*
*300 g Sahne*
*150 g gemischte kandierte Früchte*
*150 g Nougat*
*Puderzucker*
*1 walnußgroßes Stück Ingwerwurzel*
*Meersalz*
*500 g Mirabellen (ersatzweise Weintrauben)*
*150 ml weißer Traubensaft*
*1 Prise Zimtpulver*
*1 Stück geriebene unbehandelte Zitronenschale*

**Zubereitungszeit: 1 1/4 Std. plus 3 Std. Gefrierzeit**

**In** einem warmen Topf (F) die Milch (E) und die aufgeschlitzte Vanilleschote (E) erhitzen. In einem weiteren Topf Wasser zum Köcheln bringen. Auf dieses Wasserbad einen kleineren Topf setzen.

**Eier** (E) trennen, die Eigelbe in den kleinen Topf geben und mit der Ursüße (E) schaumig schlagen. Die Vanilleschote aus der Milch (E) nehmen und diese warm in die Eigelbmischung rühren. Etwa 15 Min. im Wasserbad schlagen, bis die Creme dick wird. Nicht überhitzen, weil sonst das Ei stockt. Dann den Topf in eiskaltes Wasser setzen und die Creme etwa 20 Min. rühren, bis sie kalt ist.

**Eiweisse** (E) sehr steif schlagen und erst ein Drittel davon vorsichtig unter die Creme heben, dann den Rest. Sahne (E) steif schlagen und auf die gleiche Weise unterheben. Kandierte Früchte (E) und Nougat (E) kleinschneiden und mit etwas Puderzucker (E) bestäuben. Beides in die Creme geben. Ingwer (M) dazugeben, etwas salzen (W) und alles in eine Form gießen. Für 3 Std. ins Gefrierfach stellen.

**Mirabellen** (E) waschen, entsteinen und mit dem Traubensaft (E) in einen Topf geben. Zimt (M), 2 EL Wasser (W) und Zitronenschale (H) dazugeben und 4 Min. köcheln lassen. Heiß mit dem Nougatparfait servieren.

# Feigen in Kaffeesabayon

**Für 4 Personen**

12 frische Feigen

1 Stück unbehandelte Zitronenschale

50 g beste geröstete Kaffeebohnen

8 Eigelbe · 60 g Ursüße

2 EL Wodka oder 1 Prise Zimtpulver

Meersalz

1 Spritzer Zitronensaft

4 Körner aus 1 Korianderkapsel

ZUBEREITUNGSZEIT: 35 MIN.

*stärkt Magen und Herz*

FEIGEN waschen, oben kreuzförmig einschneiden und die Schale abziehen, das untere Ende aber an den Früchten lassen (sie sehen nun aus wie Blüten).
IN einem Topf 200 ml Wasser (W), Zitronenschale (H) und Kaffeebohnen (F) kurz kochen. Abseihen und auf 6 EL Kaffee einkochen lassen. Kaffee in einen Kessel geben (F) und über einen Topf mit kochendem Wasser stellen. Eigelbe (E), 40 g Ursüße (E), Wodka oder Zimt (M), Salz (W), Zitronensaft (H) und Koriander (F) dazugeben, aufschlagen, mit restlicher Ursüße (E) bestreuen und Feigen darauf setzen.

# Mangocreme

**Für 4 Personen**

2 reife Mangos

500 g eiskalte Sahne · Meersalz

8 EL Crème fraîche

1 EL Zitronensaft

2 Prisen Kakaopulver

2 Prisen Zimtpulver

ZUBEREITUNGSZEIT: 30 MIN.
PLUS 1 STD. KÜHLZEIT

*fördert die Verdauung und kühlt*

MANGOS schälen und das Fruchtfleisch von den Kernen lösen, kleinschneiden und pürieren, kühl stellen. Die Sahne steif schlagen.
MEERSALZ (W), Crème fraîche (H), Zitronensaft (H), Kakaopulver (F) und das Fruchtpüree (E) mischen. Erst ein Drittel der Schlagsahne (E) vorsichtig unter die Creme heben, dann den Rest. Die Mangocreme mit Zimt (M) bestäuben, in Schalen füllen und 1 Std. kühlen.

# Gefüllte Datteln

**Für 4 Personen**

*16 frische Datteln*

*200 g Marzipan*

*50 g Bitterschokolade*

*200 g Haselnußnougat*

*200 g Sahne*

*1 Prise Zimtpulver*

*Meersalz*

*1 EL Zitronensaft*

*Kakaopulver zum Bestäuben*

ZUBEREITUNGSZEIT: 25 MIN.

*neue Energie für die Milz*

VON den Datteln (E) oben jeweils einen Deckel abschneiden. Die Kerne entnehmen und die Früchte mit Marzipan (E) füllen, den Deckel wieder festdrücken.

TOPF mit wenig Wasser zum Kochen bringen. Einen Kessel darauf setzen und die Bitterschokolade (F) darin schmelzen lassen. Vom Herd nehmen, den Haselnußnougat (E) dazugeben und die Mischung mit dem Schneebesen verrühren.

SAHNE (E) zur Schokoladenmischung gießen, mit Zimtpulver (M), Meersalz (W) und dem Zitronensaft (H) würzen und mit dem Schneebesen zu einer Sauce schlagen. Die Sauce mit Kakaopulver (F) bestäuben und mit den gefüllten Datteln (E) zusammen servieren.

# METALLELEMENT*

**HERBST** – Zeit der Wandlung! Indem Sie loslassen, sich der Wandlung hingeben, entsteht aus der Tiefe neue Kraft. Körper, Seele und Geist bereiten sich auf die kräftesammelnde Ruhe des Winters vor. Pikante Schärfe belebt Ihre Atemwege, eine Zwiebel hilft bei Erkältungen, Lunge und Dickdarm können sich erholen. Wer eine geringe Abwehrkraft hat, profitiert von süßgekochtem Wasser. Haut und Schleimhaut werden befeuchtet, und jede Zelle kann diesem Wasser ihre Schlackstoffe zur Ausscheidung mitgeben.

**GENIESSEN** Sie Speisen des Metallelementes, wenn

➤ Sie einen belasteten Atemwegs- und/oder Verdauungstrakt haben,

➤ Sie unter einem ermüdeten Immunsystem leiden,

➤ Sie öfter Probleme mit Haut und/oder Schleimhaut haben,

➤ Sie sich öfter traurig oder depressiv fühlen,

➤ Sie sich im Herbst besonders pflegen wollen.

# Süßgekochtes Wasser

*entschlackt und befeuchtet*

### Für ca. 12 Liter

*4 Stengel Petersilie*
*2 Wacholderbeeren*
*1 TL Fenchelsamen*
*1 Sternanis*

ZUBEREITUNGSZEIT: 40 MIN.

IN einen großen Topf mit Deckel 12 l Wasser (W) gießen. Gewaschene Petersilienstengel (H) und Wacholderbeeren (F) dazugeben und auf den Herd stellen. Fenchelsamen (E) und Sternanis (M) ins Wasser legen und dieses aufkochen lassen. Die Hitze reduzieren, den Deckel auflegen und 15 Min. köcheln lassen.
HERD abschalten und 10 Min. warten, bis sich der Kalk und die an ihn gebundenen Mineralien abgesetzt haben. Das Wasser vorsichtig abgießen. Täglich 2–3 l trinken. Wem kühl ist, der trinkt es heiß, ansonsten lauwarm.

# Pfefferminzsauce

*erfrischende Sauce für Gemüse und Fleisch*

### Für ca. 500 Gramm

*1 Bund Petersilie · 1 Bund Basilikum*
*2 Bund Pfefferminze*
*100 ml Brühe · 2–3 EL Zitronensaft*
*etwas Paprikapulver*
*400 ml Olivenöl · 1 EL Senf*
*schwarzer Pfeffer aus der Mühle*
*2 Knoblauchzehen · Meersalz*

ZUBEREITUNGSZEIT: 30 MIN.

PETERSILIE, Basilikum und Pfefferminze waschen, trockenschütteln und zerpflücken.
IN den Mixaufsatz der Küchenmaschine nacheinander die Brühe (W), Zitronensaft (H), Petersilie (H), Basilikum (F), Paprika (F), Olivenöl (E), Senf (M), Pfeffer (M), Pfefferminze (M) und geschälten Knoblauch (M) geben. Alles gründlich mixen und salzen (W). Die Pfefferminzsauce hält sich im Kühlschrank mehrere Tage.

# Pfefferminzsalat mit Weizengrieß

**Für 4 Personen**

*2 Bund Pfefferminze*

*2 Bund Petersilie*

*4 Tomaten*

*2 Schalotten*

*1 Stück Chilischote (je nach Schärfe)*

*1 unbehandelte Zitrone*

*200 g Hartweizengrieß*

*1 TL Fenchelsamen*

*schwarzer Pfeffer aus der Mühle*

*2 EL Buttermilch*

*etwas Paprikapulver*

*4 EL Olivenöl, extra*

*Meersalz*

ZUBEREITUNGSZEIT: 45 MIN.

*Yin-Aufbau an warmen Tagen*

PFEFFERMINZE und Petersilie waschen, jeweils die schönsten Spitzen abzwicken und den Rest hacken. Tomaten überbrühen, häuten, Stielansätze entfernen und die Tomaten entkernen. Den Saft auffangen und das Fruchtfleisch in Streifen schneiden. Schalotten schälen und in Streifen schneiden. Chilischote waschen, putzen, entkernen und klein hacken. Die Zitrone waschen und die Schale abreiben oder mit einem Zestenreißer abziehen. Die Frucht auspressen.

TOPF bei mittlerer Hitze auf den Herd stellen und den Weizengrieß (F) und den Fenchelsamen (E) hineingeben. 6 Min. rösten. Schalotten (M), Chilischote (M), Pfefferminze (M), Pfeffer (M), 400 ml Wasser (W), Petersilie (H), Tomatenstreifen (H), Zitronensaft (H) nach Geschmack und -schale (H) hineingeben und in 12 Min. garen. Den Herd abschalten und den Grieß 5 Min. nachgaren lassen.

BUTTERMILCH (H), Paprikapulver (F) und Olivenöl (E) dazugeben und alles vermischen. Den Salat pfeffern (M) und auf einer Platte anrichten. Mit den Pfefferminzblättern (M) dekorieren, salzen (W), die Petersilienblätter (H) darauf legen und etwas Tomatensaft (H) darüberträufeln.

# Karamelisierte Rübchen

*entspannt und befeuchtet von innen*

**Für 4 Personen**

*800 g kleine weiße Rübchen*

*2 Bund Schnittlauch*

*2 EL frischer Majoran (ersatzweise 1 EL getrockneter Majoran)*

*2 Zwiebeln*

*2 EL Süßrahmbutter*

*60 g Rohrzucker*

*weißer Pfeffer aus der Mühle*

*500 ml Geflügelbrühe*

*1 EL Aceto Balsamico*

*1 Msp. mildes Currypulver*

*1 EL Dijon-Senf*

*Meersalz*

ZUBEREITUNGSZEIT: 50 MIN.

RÜBCHEN waschen, schälen und vierteln. Schnittlauch und Majoran waschen, trockenschütteln und fein schneiden. Die Zwiebeln schälen und würfeln. Einen großen Schmortopf bei mittlerer Hitze auf den Herd stellen (F) und die Süßrahmbutter (E) dazugeben. 1 EL Zucker wegnehmen, den Rest in der Butter karamelisieren lassen.

RÜBCHEN (M) in den Topf legen und von allen Seiten 3–4 Min. braten, dann herausnehmen. Die Zwiebelwürfel (M) in den Topf geben und pfeffern (M). Die Rübchen wieder hineinlegen und immer wieder mit wenig Brühe (W) ablöschen, bis die Rübchen gar sind (je nach Sorte 12–15 Min.). Die Rübchen sollten nur noch mit wenig Sauce überzogen sein.

TOPF vom Herd nehmen und Aceto Balsamico (H), Majoran (F), restlichen Rohrzucker (E), Schnittlauch (M), Currypulver (M), Senf (M) und Meersalz (W) unter die karamelisierten Rübchen mischen. Mit Brot oder Pellkartoffeln servieren.

# Gefüllte Kohlrabi

*ein Fest für die Lunge*

**Für 4 Personen**

*2 Bund Schnittlauch*
*1 Bund Korianderblätter*
*2 Stiele Zitronengras*
*1 Bund Petersilie*
*4 Schalotten*
*2 Knoblauchzehen*
*2 EL Olivenöl*
*2 entbeinte Hähnchenbrüste (ohne Haut)*
*2 EL grüner Pfeffer*
*100 ml helle Sojasauce*
*1 TL Bockshornkleesamen*
*2 Möhren*
*2 kleine Salatgurken*
*4 Kohlrabi*
*500 ml Geflügelbrühe*
*2 EL Crème fraîche*
*1 TL Paprikapulver*
*2 EL Sahne*
*2 EL Süßrahmbutter*
*Meersalz*

ZUBEREITUNGSZEIT: 2 STD.
PLUS 12 STD. MARINIERZEIT

**KRÄUTER** waschen, trocknen und klein schneiden. Schalotten und Knoblauch schälen und würfeln. In eine Glasschale mit Deckel Olivenöl (E) geben, Schalotten und Knoblauch (M) darin wenden. Hähnchen (M) waschen, schnetzeln und in die Marinade geben. Koriander (M), Zitronengras (M), Pfeffer (M), Schnittlauch (M), Sojasauce (W), Petersilie (H) und Bockshorn (F) dazugeben. Fleisch 12 Std. marinieren, dabei ein paarmal wenden.

**MÖHREN,** Gurken und Kohlrabi waschen und schälen. Kohlrabiblätter kleinschneiden. Kohlrabi aushöhlen, Möhren und 1 1/2 Gurken kleinschneiden.

**BRÜHE** (W) erhitzen. Crème fraîche (H) einrühren, Gurken darin 3 Min. garen, herausnehmen. Paprikapulver (F), Sahne (E) und Möhren (E) dazugeben 3–4 Min. garen, herausnehmen. Ausgehöhlte Kohlrabi (M) 12 Min. garen, herausnehmen und im Ofen bei 70° warm halten. Kohlrabistücke (M) im Sud 3 Min. garen.

**PFANNE** erhitzen (F), Butter (E) darin schmelzen. Fleisch (M) ohne Marinade darin braten. Brühe (W) eingießen. Gurken (H), Marinade (F) ohne Zitronengras und Möhren (E) dazugeben, einkochen lassen und pfeffern (M). Die Kohlrabi mit dem Gemüse füllen und salzen (W). Mit dem Fleisch anrichten.

# Marinierte Rettichscheiben

*spendet Säfte*

**Für 4 Personen**

*2 Rettiche*
*Meersalz*
*1 Bund Schnittlauch*
*1 Bund Petersilie*
*2 TL Leinsamen*
*8 EL Olivenöl*
*12 Korianderkörner*
*1 EL gekeimte Senfkörner*
*schwarzer Pfeffer aus der Mühle*
*2 EL geschälte Sesamkörner*
*2 EL Kürbiskerne*
*4 EL Zitronensaft*
*1 Bund Dill*
*etwas Paprikapulver*

ZUBEREITUNGSZEIT: 45 MIN.

RETTICH (M) schälen und in dünnen Scheiben in eine Schüssel hobeln. Meersalz (W) darüber streuen, gut mischen und den Rettich 5 Min. ziehen lassen. Vorsichtig ausdrücken und Teller kreisförmig damit belegen. Den Schnittlauch waschen, trockenschütteln und in Röllchen schneiden.

PETERSILIE (H) waschen, trockenschütteln, klein hacken und über den Rettich streuen. Leinsamen (F) dazugeben und das Olivenöl (E) darüber träufeln. Koriander (M), Schnittlauch (M), Senfsaat (M), Pfeffer (M), Sesam (W), Kürbiskerne (W), 2 EL Wasser (W) und den Zitronensaft (H) dazugeben und den Rettich noch mal 10 Min. ziehen lassen.

DILL waschen, trockenschütteln und klein hacken. Die Rettichscheiben mit wenig Paprikapulver (F) und dem Dill (E) bestreuen, nochmals pfeffern (M) und eventuell mit Meersalz (W) abschmecken.

# Nasi-Goreng

*sorgt für gute Abwehrkräfte*

**Für 4 Personen**

*Blätter von 1 Staudensellerie*

*1 Bund Korianderblätter*

*4 große Möhren*

*2 Gurken*

*1 EL Süßrahmbutter*

*4 Eier*

*200 ml Erdnußöl*

*1 Paket Krupuk (getrocknetes Garnelenbrot)*

*60 g getrocknete Garnelen*

*200 g Langkornreis*

*etwas Paprikapulver*

*Meersalz*

*Saft von 2 Zitronen*

*1 TL Rohrzucker*

*Sambal Oelek*

*Ketjap Manis (süße Sojasauce)*

**Zubereitungszeit: 1 1/2 Std.**

**Sellerieblätter** und Korianderblätter waschen und klein hacken. Möhren und Gurken schälen und in sehr dünne Scheiben schneiden. Eine Pfanne auf den Herd stellen (F), die Butter (E) darin schmelzen lassen und 4 Spiegeleier (E) braten. Im Ofen bei 70° warm stellen.

**Wenig** Öl (E) in die Pfanne gießen und jeweils 2 Krupuk (E) darin ausbacken. So lange wiederholen, bis alle Krupukscheiben ausgebacken sind. Im Ofen warm halten. Das restliche Öl in eine Tasse gießen und abgekühlt in den Abfall geben.

**Reis** (E) verlesen und in der Pfanne 5 Min. rösten. Korianderblätter (M) und Garnelen (W) 3 Min. mitrösten. Mit 400 ml Wasser (W) auffüllen. Sellerieblätter (H) und Paprikapulver (F) zugeben und zugedeckt 12–15 Min. garen.

**Meersalz** (W) in eine Schüssel geben und die Gurkenscheiben (H) darin vorsichtig drücken. Den Sud abgießen. Zitronensaft (H), Paprikapulver (F), Möhren (E) und den Rohrzucker (E) dazugeben.

**Salat** an den Tellerrand, Reis in die Mitte verteilen. Die Spiegeleier (E) auf den Reis legen und mit Krupuk (E), Sambal (M) und Sojasauce (W) servieren, damit sich jeder bei Tisch sein Nasi-Goreng selber würzen kann.

# Selleriepüree

*gibt Saft und Kraft*

**Für 4 Personen**

*1 kleinen Knollensellerie mit Grün*
*1 kg mehligkochende Kartoffeln*
*2 Zwiebeln*
*1 Knoblauchzehe*
*1 Lorbeerblatt*
*1 EL Weißweinessig*
*1 Stück unbehandelte Zitronenschale*
*4 Wacholderbeeren*
*4 EL Süßrahmbutter*
*200 g Sahne*
*schwarzer Pfeffer aus der Mühle*
*Meersalz*

**Zubereitungszeit: 50 Min.**

**Sellerie** putzen, das Grün abschneiden, die Knolle gründlich waschen und schälen. Die Knolle in Würfel, das Grün waschen und in Ringe schneiden. Die Kartoffeln waschen, schälen und würfeln.

**Zwiebeln** und Knoblauchzehe schälen und würfeln. Kartoffeln (E), Sellerieknolle (M), Lorbeerblatt (M), Zwiebeln (M), Knoblauch (M), 600 ml Wasser (W), Weinessig (H), Zitronenschale (H), Selleriegrün (H) und Wacholderbeeren (F) in einen Topf geben und in 20–25 Min. zu einem Brei kochen.

**Süssrahmbutter** (E) und die Sahne (E) über den Gemüsebrei geben und alles mit dem Mixer zu Püree verarbeiten. Das Selleriepüree mit Pfeffer (M) und Meersalz (W) pikant abschmecken.

# Lauchgemüse mit Erdnüssen

*stärkt Ihr Metallelement*

**Für 4 Personen**

*2 Stangen Lauch*
*Meersalz*
*6 EL Weißweinessig*
*1 Bund Petersilie*
*2 Chicorée*
*1 EL Süßrahmbutter*
*100 g Rundkornreis*
*1 Stück Chilischote (je nach Schärfe)*
*200 g geröstete, ungesalzene Erdnüsse*
*1 Msp. Currypulver*
*8 Korianderkörner*
*2 EL Olivenöl*

**ZUBEREITUNGSZEIT: 40 MIN.**

LAUCH (M) putzen, halbieren, gründlich waschen und schräg in Halbringe schneiden. Nochmals waschen, gut abtropfen lassen und in eine Schüssel geben. Meersalz (W) großzügig darüber streuen und den Lauch mit den Händen quetschen, bis er Saft abgibt. Abgießen und mit dem Weinessig (H) begießen.

PETERSILIE waschen, trockenschütteln und hacken, Chicorée (F) putzen und halbieren. In eine Pfanne legen und bei mittlerer Hitze auf den Herd stellen (F). Die Süßrahmbutter (E) darin schmelzen und die Chicoréehälften darin von beiden Seiten je 3–4 Min. braten. Herausnehmen und im Ofen bei 70° warm stellen.

REIS (E) verlesen und in die Pfanne geben und 5 Min. rösten, dabei ab und zu umrühren. Chilischote waschen, putzen, entkernen und hacken. Den Lauch (M) ausdrücken und auf den Reis geben. Erdnüsse (M), Currypulver (M), Chilischote (M), Korianderkörner (M), 200 ml Wasser (W) und Petersilie (H) hineingeben. Den Deckel auflegen und das Gemüse in 10 Min. fertig garen. Mit den Chicoréehälften (F) belegen und mit dem Olivenöl (E) beträufeln.

# Wildente in Senf-Sternanis-Sauce

*wärmt an kalten Tagen*

**Für 4 Personen**

*2 Zweige Thymian*
*je 1 Bund Basilikum und Petersilie*
*8 Möhren*
*4 Petersilienwurzeln*
*2 unbehandelte Orangen*
*4 Knoblauchzehen*
*4 Schalotten*
*300 g Zuckerschoten*
*2 küchenfertige Wildenten von je 800 g*
*4 EL Süßrahmbutter*
*schwarzer Pfeffer aus der Mühle*
*4 Sternanis*
*2 EL Senfsaat*
*60 ml Grand Marnier*
*2 TL Rohrzucker*
*Meersalz*

**Zubereitungszeit: 1 Std. plus 15 Min. Ruhezeit**

**Kräuter** gründlich waschen, trockenschütteln und klein hacken. Möhren und Petersilienwurzeln schälen und jeweils halbieren, Schalen aufheben. Orangen waschen, die Schale abreiben und die Früchte auspressen. Knoblauch und Schalotten schälen, Zuckerschoten waschen, die Enden abschneiden.

**Enten** waschen und trockentupfen, die Brüstchen und die Keulen auslösen. Aus den Knochen, 300 ml Wasser und den Gemüseschalen einen Fond kochen.

**Butter** (E) bei mittlerer Hitze in eine Pfanne geben und die Gemüsehälften (E) darin auf beiden Seiten jeweils 4 Min. braten und herausnehmen. Enten pfeffern (M) und zunächst die Keulen 10 Min. in der Pfanne anbraten. Thymian (M), Knoblauch (M), Schalotten (M), Sternanis (M), Senfsaat (M) und Entenbrüstchen mit der Hautseite nach unten in die Pfanne geben und die Vögel wenden, auf beiden Seiten je 10–12 Min. kräftig anbraten, herausnehmen und im Ofen bei 70° warm halten.

**Fond** (W) in die Pfanne gießen und etwas einköcheln lassen. Orangensaft (H), Petersilie (H), Basilikum (F), Orangenschale (E), Grand Marnier (E), Rohrzucker (E), Zuckerschoten (E), Möhren und Petersilienwurzeln (E) dazugeben und 10 Min. garen. Mit Pfeffer (M) würzen. Die Entenstücke auf das Gemüse legen und alles salzen (W).

# Wachteln mit Kürbiskernbällchen

*stärkt Lunge und Nieren*

**Für 4 Personen**

*200 g getrocknete Kichererbsen*
*1 Bund Petersilie*
*1 Bund Basilikum*
*2 Eigelbe*
*1 TL Kurkumapulver*
*1 TL Korianderpulver*
*6 Knoblauchzehen*
*Meersalz*
*4 EL gehackte Kürbiskerne*
*1 TL Paprikapulver*
*2 EL Mehl*
*4 EL Sonnenblumenöl*
*2 EL Süßrahmbutter*
*4 Wachteln*
*2 Schalotten*
*12 schwarze Pfefferkörner*
*1 Bund Thymian*
*2 Bund Frühlingszwiebeln*
*schwarzer Pfeffer aus der Mühle*

ZUBEREITUNGSZEIT: 1 1/2 STD.
PLUS 12 1/2 STD. QUELLZEIT

KICHERERBSEN (W) über Nacht in reichlich Wasser (W) einweichen. Dann das Wasser abgießen und so viel frisches Wasser dazugeben, bis die Kichererbsen bedeckt sind. Die Petersilie (H) waschen und ein paar Stengel dazugeben. Das Basilikum (F) waschen und ebenfalls ein paar Stengel zugeben. Restliche Kräuter hacken. Erbsen auf den Herd stellen (F) und in 45 Min. gar kochen.

ERBSEN samt Kochwasser mit dem Pürierstab pürieren. Eigelbe (E), Kurkuma und Koriander (M) dazugeben. Knoblauch (M) pellen und 4 Zehen darüberpressen. Salz (W), Kürbiskerne (W), Petersilie (H), Basilikum (F) und Paprikapulver (F) dazugeben und alles nochmals pürieren. Mehl (E) untermischen. Den Teig zugedeckt 30 Min. ruhen lassen.

AUS dem Teig kleine Kugeln formen und diese in heißem Sonnenblumenöl (E) in der Pfanne knusprig ausbacken. Im Ofen bei 70° warm stellen. Das Öl in eine Tasse abgießen.

BUTTER (E) in die Pfanne geben. Wachteln (M) waschen und trockentupfen. Mit gepellten Schalotten (M), restlichen Knoblauchzehen (M), Pfefferkörnern (M) und Thymian (M) füllen und auf beiden Seiten jeweils 7–8 Min. braten. Frühlingszwiebeln (M) putzen, waschen, schräg in Rauten schneiden, dazugeben und garen. Mit den Bällchen anrichten und mit Pfeffer (M) und Meersalz (W) bestreuen.

# Gefüllte Perlhuhnbrust

*schenkt neue Energie*

**Für 4 Personen**

1 kleiner Blumenkohl
4 ausgelöste Perlhuhnbrüstchen mit Haut
schwarzer Pfeffer aus der Mühle
100 g Gorgonzola
Schale von 1 unbehandelten Zitrone
etwas Paprikapulver
4 EL Pesto (aus dem Glas)
100 g Hirse
2–3 Zweige Thymian
2 EL Süßrahmbutter
4 Zwiebeln
1 EL Olivenöl
Meersalz
Außerdem:
4 in Öl eingelegte Zahnstocher

Zubereitungszeit: 1 Std. 10 Min.

Blumenkohl in Röschen teilen, waschen und halbieren. Die Perlhuhnbrüstchen (M) waschen, trockentupfen und von der dickeren Seite her eine Tasche hineinschneiden. Innen pfeffern (M) und Gorgonzola (M/W) in die Öffnung legen. Etwas Zitronenschale (H) und Paprikapulver (F) dazugeben und Pesto (F) einstreichen. Die Öffnung jeweils mit 1 Zahnstocher verschließen.

Hirse verlesen. Thymian waschen und Blättchen abzupfen. Großen Bräter erhitzen (F), darin die Hirse (E) 10 Min. rösten, dabei öfter wenden und herausnehmen. Die Butter (E) in einem Topf schmelzen, die Blumenkohlröschen (E) hineinlegen und kräftig braten, bis braune Ränder entstehen. Herausnehmen und mit Thymianblättchen (M) bestreuen.

Perlhuhnbrüste (M) mit der Hautseite nach unten in den Bräter legen und in 12–15 Min. knusprig braten, wenden und in 10 Min. garen, herausnehmen und im Ofen bei 70° warm stellen.

Hirsemischung und den Blumenkohl in den Bräter geben. Zwiebeln (M) pellen, halbieren und darin anschmoren. Mit 300 ml Wasser (W) ablöschen. Restliche Zitronenschale (H) dazugeben, mit Paprikapulver (F) bestäuben und alles 15 Min. garen. Herd abschalten und die Hirse 10 Min. nachgaren lassen. Olivenöl (E) und Pfeffer (M) darübergeben. Die Perlhühner auf die Hirse setzen und mit Meersalz (W) bestreuen.

# Knusprig gebratene Hähnchenflügel

**Für 4 Personen**

*24 Hähnchenflügel (nur das untere Drittel)*

*8 Knoblauchzehen*

*2 Zitronenblätter (Asienladen; ersatzweise Schale von 1 unbehandelten Zitrone)*

*2 Bund Basilikum*

*etwas Currypulver*

*6 EL helle Sojasauce*

*2 EL helles Sesamöl*

*2 EL Süßrahmbutter*

*150 g Mehl*

*Meersalz*

ZUBEREITUNGSZEIT: 1 STD.
PLUS 4 STD. MARINIERZEIT

*Nahrung für Ihr Metallelement*

HÄHNCHENFLÜGEL (M) waschen, abtupfen und in eine große Schüssel legen. Den Knoblauch (M) pellen, in feine Scheiben schneiden und dazugeben. Zitronenblätter waschen und kleinschneiden. Basilium waschen, trockenschütteln und klein hacken.

MARINADE aus etwas Currypulver (M), Sojasauce (W), Sesamöl (H), Zitronenblättern (H) und Basilikum (F) zubereiten und zum Fleisch geben. Fleisch gelegentlich wenden. Nach 4 Std. herausnehmen und abtropfen lassen.

PFANNE auf mittlerer Temperatur erhitzen (F), die Süßrahmbutter (E) darin schmelzen lassen. Die Hähnchenflügel (M) darin auf beiden Seiten in 5 Min. knusprig braten. Abkühlen lassen und die Knochen aus den Flügeln herausziehen.

MEHL (E) auf einen Teller geben, etwas Currypulver (M) darüber streuen und die Flügel darin wenden. Nochmals in der Pfanne knusprig braten und herausnehmen. Den Bratensatz mit der Marinade (W) ablöschen, etwas einkochen lassen und zu den gebratenen Flügeln reichen. Mit Meersalz (W) würzen.

# Fritierte Gemüsezwiebeln

**Für 4 Personen**

*4 große Gemüsezwiebeln*

*150 g Mehl*

*schwarzer Pfeffer aus der Mühle*

*Sonnenblumenöl zum Fritieren*

*Meersalz*

*2 Bund Petersilie*

*etwas Paprikapulver*

ZUBEREITUNGSZEIT: 35 MIN.

*schmeckt als Beilage und solo*

GEMÜSEZWIEBELN schälen und in Ringe hobeln. Mehl (E) auf einen Teller geben, pfeffern (M) und die Zwiebeln (M) darin wenden.

GROSSE Pfanne bei mittlerer Hitze auf den Herd stellen, das Sonnenblumenöl (E) hineingießen und erhitzen.

ZWIEBELRINGE (M) in mehreren Portionen im heißen Öl knusprig ausbacken und im Backofen bei 70° warm stellen, bis alle fertig sind. Die fritierten Zwiebeln salzen (W).

PETERSILIE (H) waschen, trockenschütteln, im leicht gesalzenen Fett knusprig ausbacken und mit Paprikapulver (F) bestäuben.

# Artischocken mit Blauschimmeldip

**Für 4 Personen**

*1 Bund Petersilie*

*Schale und Saft von 1 unbehandelten Zitronen*

*4 Artischocken · 2 EL Olivenöl*

*4 EL Sahne*

*schwarzer Pfeffer aus der Mühle*

*200 g Roquefort · Meersalz*

*4 EL Crème fraîche · Paprikapulver*

ZUBEREITUNGSZEIT: 30 MIN.

*regeneriert und tonisiert*

PETERSILIE waschen, trockenschütteln und klein hacken. 2 l Wasser (W) in einen Topf geben, Zitronenschale (H) und etwas -saft (H) dazugeben und aufkochen. Artischocken (F) jeweils am Stiel abschneiden, die unteren Blätter entfernen und 12–15 Min. im Wasser garen.

AUS Olivenöl (E), Sahne (E), Pfeffer (M), zerbröckeltem Käse (M/W), Salz (W), Crème fraîche (H), Zitronensaft (H) und Paprikapulver (F) eine dicke Creme rühren.

# Sonntags-Duftreis

*versorgt die Lunge mit Feuchtigkeit*

**Für 4 Personen**

*200 g Basmati-Reis*
*2 Zucchini*
*2 Bund Frühlingszwiebeln*
*1 Zweig frischer Thymian*
*1 unbehandelte Zitrone*
*4 Wacholderbeeren*
*1 TL Fenchelsamen*
*1 TL Currypulver*
*8 Korianderkörner*
*1 TL schwarze Kardamomkörner*
*2 EL Süßrahmbutter*
*schwarzer Pfeffer aus der Mühle*
*Meersalz*

ZUBEREITUNGSZEIT: 45 MIN.

REIS verlesen. Die Zucchini waschen, putzen und in Streifen schneiden. Die Frühlingszwiebeln putzen, waschen und in Rauten schneiden. Den Thymian waschen, trockenschütteln, Blättchen abzupfen. Zitrone waschen, die Schale abreiben und die Frucht auspressen.

TOPF mit 2 Wacholderbeeren (F) auf den Herd stellen (F). Fenchelsamen (E), Reis (M), Curry (M), Koriander (M), Kardamom (M) und Thymian (M) dazugeben und alles 4 Min. rösten.

FRÜHLINGSZWIEBELN (M) einlegen und mit 400 ml Wasser (W) ablöschen. Zitronenschale (H) darüber streuen. Restliche Wacholderbeeren (F) und Zucchini (E) dazugeben, den Reis in 12 Min. gar kochen. Den Herd abschalten und den Reis 5 Min. nachquellen lassen. Den Reis mit Butter (E) verrühren, pfeffern (M), salzen (W) und mit etwas Zitronensaft (H) beträufeln.

# WASSERELEMENT*

**Winter** – Kräfte sammeln für den Neubeginn! Die Rezepte dieses Elementes füttern und stärken Ihre Lebenskraft. Denn das Wasser gilt als die Basis allen Lebens. Aus dem Wasser kommen wir, und aus Wasser bestehen wir zum überwiegenden Teil (80 %). Nach langer Krankheit, bei erhöhtem Streß, nach Zeiten großer Erschöpfung fehlt Ihrem Wasserelement Energie; Sie fühlen sich leer. Ein bis zwei Fischmahlzeiten pro Woche stärken Ihre Energie wieder. Fügen Sie Ihren Speisen das Salz erst nach dem Kochen hinzu. So erreichen Sie eine höhere Würzkraft mit geringerer Salzmenge.

**Speisen** des Wasserelementes sollten Sie sich kochen, wenn

➤ Sie unter Kälte und Energiemangel leiden,

➤ Sie sich oft ängstlich fühlen,

➤ Sie öfter Probleme im Harnwegsbereich haben,

➤ Sie an Erkrankungen des Knochenapparates leiden,

➤ Sie sich im Winter besonders pflegen wollen.

# Oktopussalat mit Zucchini und Möhren

*spendet Säfte*

**Für 4 Personen**

*schwarzer Pfeffer aus der Mühle*
*1 Oktopus von 1 kg (küchenfertig, vom Fischhändler in 2 cm große Stücke geteilt)*
*1 Stengel Zitronengras*
*1 unbehandelte Zitrone*
*2 Bund Petersilie*
*etwas Paprikapulver*
*2 Tomaten*
*2 Zwiebeln*
*2 große Möhren*
*2 Zucchini*
*4–6 EL Olivenöl*
*Meersalz*

**ZUBEREITUNGSZEIT: 1 STD. PLUS 30 MIN. MARINIERZEIT**

**PFEFFER** (M) in einen Topf geben. Zitronengras (M) waschen, in Ringe schneiden und dazugeben. 500 ml Wasser (W) aufgießen und die Oktopusstücke (W) hineingeben. Zitrone waschen, Schale abreiben oder mit einem Zestenreißer abziehen. Die Zitrone auspressen. Zitronensaft (H) und -schale (H) zum Oktopus geben. Die Petersilie (H) waschen, die Stiele zum Oktopus geben und die Blätter hacken.

**OKTOPUS** auf den Herd stellen (F) und 3 Min. köcheln lassen (nicht länger, sonst wird er zäh!). 20 Min. auf abgeschalteter Herdplatte nachgaren lassen. Dann herausnehmen, in eine Schale füllen, mit etwas Paprikapulver (F) bestäuben und abkühlen lassen.

**TOMATEN** waschen, Stielansätze und eventuell Häute entfernen und das Fruchtfleisch in Streifen schneiden. Zwiebeln schälen und würfeln. Fischsud mit Paprikapulver (F) würzen. Möhren (E) schälen und in dünne Scheiben hobeln, mit den gewaschenen und in Stifte geteilten Zucchini (E) in den Sud geben und ein paar Min. garen. Auf den Oktopus geben und den Sud mit Zwiebeln (M) auf 8 EL einkochen lassen.

**ÖL** (E) über den Oktopus gießen, pfeffern (M), salzen (W) und den Sud (W) dazugeben. Tomaten (H) und Petersilie (H) untermischen und den Salat 30 Min. durchziehen lassen.

# Adzukibohnensalat mit Lachs

**Für 4 Personen**

*200 g Adzukibohnen (kleine rote Bohnen)*
*oder kleine weiße Bohnen*
*2 Zwiebeln*
*1 Bund Petersilie*
*1 unbehandelte Zitrone*
*1 Lorbeerblatt*
*etwas Paprikapulver*
*2 EL Olivenöl*
*schwarzer Pfeffer aus der Mühle*
*Meersalz*
*12 Scheiben Räucherlachs*
*4 EL helles Sesamöl*

**ZUBEREITUNGSZEIT: 45 MIN.
PLUS 12 STD. EINWEICHZEIT**

*stärkt Yin und Yang im Wasserelement*

**BOHNEN** verlesen und über Nacht in reichlich Wasser einweichen. Zwiebeln schälen und würfeln. Petersilie waschen, trockenschütteln und klein hacken. Die Zitrone waschen, die Schale abreiben und die Frucht auspressen.

**LORBEERBLATT** (M), Zwiebeln (M), abgetropfte Bohnen (W), reichlich Wasser (W) (alles sollte mit Wasser bedeckt sein), Zitronenschale (H) und -saft (H) sowie die Petersilie (H) in einen Topf geben und auf den Herd stellen (F). Mit Paprikapulver (F) bestreuen, zudecken und die Bohnen in 35 Min. gar köcheln.

**BOHNEN** herausnehmen und in eine Schüssel legen. Den Sud etwas einkochen lassen. Die Bohnen mit Olivenöl (E), Pfeffer (M), etwas Sud (W) und Meersalz (W) vermischen und kurz ruhen lassen.

**BOHNENSALAT** mit dem Räucherlachs (W) zusammen servieren. Die Bohnen kurz vor dem Servieren mit dem Sesamöl (H) beträufeln. Dazu paßt Baguette.

# Maronenpüree mit Spitzkohl

*neue Kraft fürs Wasserelement*

### Für 4 Personen

*300 g Maronen*

*1 kg mehligkochende Kartoffeln*

*1 Bund Petersilie*

*1 kleiner Spitzkohl*

*2 Zwiebeln*

*schwarzer Pfeffer aus der Mühle*

*etwas Muskatnuß*

*2 EL Zitronensaft*

*4 Wacholderbeeren*

*100 g Süßrahmbutter*

*150 g Sahne*

*Meersalz*

*2 EL Sesamsamen, geschält*

*2 EL saure Sahne*

*1 Prise Paprikapulver*

ZUBEREITUNGSZEIT: 1 1/4 STD.

BACKOFEN auf 200° (Umluft 180°) vorheizen. Die Maronen einschneiden, auf einem Backblech verteilen und im Ofen 20–25 Min. rösten. Herausnehmen und schälen.

KARTOFFELN waschen, schälen und vierteln. Die Petersilie waschen, trockenschütteln und hacken. Den Spitzkohl vierteln, den Strunk abschneiden, den Kohl waschen und in feine Streifen hobeln. Die Zwiebeln schälen und würfeln.

TOPF auf den Herd stellen (F), Kartoffeln (E), Maronen (E), Zwiebeln (M), Pfeffer (M), geriebene Muskatnuß (M), 1 l Wasser (W), Zitronensaft (H) und Wacholderbeeren (F) hinzufügen und zugedeckt 20 Min. kochen; dann abschütten. Dabei das Wasser in einem Topf auffangen und einkochen lassen. 100 g Butter (E), 150 g Sahne (E), Pfeffer (M) und Salz (W) auf die Kartoffeln geben und mit dem Mixer zu einem Püree schlagen. Nach und nach 100 ml Sud einarbeiten und das Püree im Ofen bei 70° warm stellen.

PFANNE auf den Herd stellen (F), restliche Butter (E), übrige Sahne (E), Pfeffer (M) und den Spitzkohl (W) einlegen und 15 Min. dünsten. Vom Herd nehmen und mit Meersalz (W) würzen. Sesam (W) über den Kohl streuen und die saure Sahne (H) einrühren. Den Kohl mit Paprikapulver (F) bestäuben. Zusammen mit dem Maronenpüree servieren.

# Misosuppe

**Für 4 Personen**

1 Stück unbehandelte Zitronenschale

2 Frühlingszwiebeln

40 g helle Gersten-Misopaste (fermentiertes Getreide; aus dem Reformhaus)

ZUBEREITUNGSZEIT: 15 MIN.

*stärkt das Wasserelement*

EINEN Liter Wasser (W) in einen Topf geben, die Zitronenschale (H) dazugeben und kochen lassen (F).

FRÜHLINGSZWIEBELN (M) waschen und putzen, schräg in sehr feine Ringe schneiden und in Suppenschalen verteilen. 1 gestrichenen EL Misopaste (W) in jede Schale geben und mit etwas warmem Wasser (W) glattrühren. Mit dem kochenden Wasser auffüllen.

# Möhrensalat mit Orangen

**Für 4 Personen**

8 Möhren

8 Orangen (davon 1 unbehandelt)

4 EL Zitronensaft

etwas Muskatnuß

1 EL Ursüße (Reformhaus)

2 TL grüner Pfeffer

Meersalz

ZUBEREITUNGSZEIT: 1 STD.

*gut für Nieren, Milz und Leber*

MÖHREN schälen und in Stifte schneiden. Die Schale von der unbehandelten Orange abreiben. Orangen (H) schälen und filetieren. Den Zitronensaft (H) zu den Filets geben.

MUSKATNUSS (F) reiben und in den Topf geben. Ursüße (E), unbehandelte Orangenschale (E) und Möhren (E) hinzufügen und den Salat 3 Min. dünsten. Mit grünem Pfeffer (M) und Meersalz (W) abschmecken.

# Muschelsuppe mit Gerstenkeimlingen

*baut Yin auf*

**Für 4 Personen**

*80 g Sprießkorngerste*

*2 Möhren*

*1/4 Knollensellerie*

*1 Stange Lauch*

*1 Bund Petersilie*

*2 kg Miesmuscheln*

*150 ml trockener Riesling*

*8 Wacholderbeeren*

*2 Zwiebeln*

*2 EL Süßrahmbutter*

*2 EL Mehl*

*2 Lorbeerblätter*

*schwarzer Pfeffer aus der Mühle*

*1 l Fischfond*

*Meersalz*

*2 EL Crème fraîche*

*etwas Paprikapulver*

ZUBEREITUNGSZEIT: 1 1/2 STD.
PLUS 3–4 TAGE KEIMZEIT

**SPRIESSKORNGERSTE** 3–4 Tage vorher in Wasser einweichen, in einen Behälter mit Deckel geben und täglich dreimal mit frischem Wasser abspülen. Nach 3–4 Tagen keimt die Gerste.

**MÖHREN,** Sellerie und Lauch waschen, putzen und nach Belieben kleinschneiden. Petersilie waschen und trockenschütteln. Die Muscheln (W) unter fließendem Wasser abbürsten (die offenen wegwerfen!) und in einen Topf füllen. 1 l Wasser (W) und Wein (H) dazugießen und mit einigen Petersiliestielen (H) und den Wacholderbeeren (F) auf den Herd stellen (F). Kochen lassen, bis sich alle Muscheln geöffnet haben. Die Muscheln herausnehmen und aus den Schalen lösen. Den Sud durch ein sehr feines Sieb gießen.

**ZWIEBELN** schälen und klein würfeln. Restliche Petersilie klein hacken. Einen Topf auf den Herd stellen (F), Süßrahmbutter (E) hineingeben und die Möhren (E) darin anschwitzen. Mehl (E), Zwiebeln (M), Sellerie (M), Lauch (M) und die Lorbeerblätter (M) dazugeben und 6–7 Min. dünsten. Mit Pfeffer (M) würzen, den Fischfond (W) und den Muschelsud (W) dazugießen und 15 Min. einkochen lassen.

**MUSCHELN** (W) hineinlegen und die Suppe in eine Terrine gießen. Mit den Gerstenkeimlingen (W) bestreuen und salzen (W). Mit Crème fraîche (H) und Petersilie (H) krönen. Mit Paprikapulver (F) bestäuben.

# Schollenomelett mit Krebsen

*füttert Nieren und Blase*

**Für 4 Personen**

*250 g Schollenfilet*
*8 frische Eier*
*100 g Kirschtomaten*
*1 Zucchino*
*1 Bund Petersilie*
*1 Zwiebel*
*2 EL Süßrahmbutter*
*Pfeffer aus der Mühle*
*1 Prise Currypulver*
*150 g ausgelöste Flußkrebsschwänze*
*(ersatzweise Garnelen)*
*etwas Paprikapulver*
*Meersalz*

ZUBEREITUNGSZEIT: 35 MIN.

SCHOLLENFILETS waschen und in 5 cm lange Stücke teilen. Die Eier in einer Schüssel vorsichtig verrühren (nicht schlagen). Die Kirschtomaten waschen, halbieren und die Stielansätze entfernen. Den Zucchino waschen, längs in Scheiben hobeln und quer in Streifen schneiden. Die Petersilie waschen, trockenschütteln und klein hacken. Die Zwiebel schälen und ebenfalls klein hacken. Den Backofen auf 180° (Umluft 160°) vorheizen.

PFANNE (für den Backofen geeignet) auf den Herd stellen. 11/2 EL Süßrahmbutter (E) hineingeben und schmelzen, die Eier (E) hineingleiten lassen und die Zucchinistreifen (E) darüber geben. Pfeffer (M), Zwiebelwürfel (M) und Currypulver (M) darüber streuen.

FISCHFILETS (W), Krebse (W/H), Petersilie (H), Tomaten (H) und Paprikapulver (F) dazugeben und die Pfanne in den Backofen stellen. Das Omelett 10–12 Min. backen, bis es sein Volumen verdoppelt hat.

ZÜGIG die restliche Süßrahmbutter (E) in Flöckchen, Pfeffer (M) und Meersalz (W) über das Omelett geben und sofort servieren.

# Sojabohnen mit Paprika

*erfrischt und belebt*

**Für 4 Personen**

100 g Sojabohnen
500 g breite grüne Bohnen
2 rote Paprikaschoten
2 Möhren
1 Zwiebel
4 EL Buchweizen
2 EL Süßrahmbutter
1 Lorbeerblatt
schwarzer Pfeffer aus der Mühle
1 unbehandelte Zitrone
2 EL Aceto Balsamico
etwas Paprikapulver
2 EL Olivenöl
Meersalz

ZUBEREITUNGSZEIT: 1 STD.
PLUS 12 STD. EINWEICHZEIT

SOJABOHNEN verlesen und über Nacht in reichlich Wasser einweichen.

GRÜNE Bohnen, die Paprikaschoten und die Möhren waschen. Die Bohnen schräg in Streifen schneiden. Die Möhre schälen, längs in Scheiben hobeln und quer in Streifen schneiden. Paprikaschoten halbieren, entkernen und in Würfel schneiden. Zwiebel schälen und würfeln.

TOPF bei mittlerer Hitze auf den Herd stellen (F) und den Buchweizen (F) sowie die Möhrenstifte (E) darin 7–8 Min. rösten und dann herausnehmen. Süßrahmbutter (E) hineingeben, die Paprikawürfel (E) einstreuen und 2 Min. schmoren. Herausnehmen und zum Buchweizen geben.

ZWIEBELWÜRFEL (M) in der verbliebenen Butter glasig schmoren, Lorbeerblatt (M) einlegen, pfeffern (M) und die Sojabohnen (W) dazugeben. Mit Wasser (W) bedecken. Zitrone waschen, Schale abziehen und Frucht auspressen. Schale (H) und Saft (H), Essig (H) und die Bohnen (H) zu den Sojabohnen geben. Mit Paprikapulver (F) bestreuen und zugedeckt köcheln lassen. Nach 10 Min. den Buchweizen und das Gemüse hinzufügen und weitere 20 Min. köcheln lassen. Mit Olivenöl (E), Pfeffer (M) und Meersalz (W) abschmecken.

# Nudeln mit Kichererbsen

*stärkt Nieren und Blase*

**Für 4 Personen**

*100 g getrocknete Kichererbsen*
*4 Möhren*
*4 Tomaten*
*1 Bund Petersilie*
*2 Bund Schnittlauch*
*1 unbehandelte Zitrone*
*1 unbehandelte Orange*
*2 Zwiebeln*
*1 Bund Frühlingszwiebeln*
*etwas Paprikapulver*
*500 g Tagliatelle (schmale Bandnudeln)*
*schwarzer Pfeffer aus der Mühle*
*Meersalz*
*6 EL saure Sahne*
*etwas Muskatnuß*

ZUBEREITUNGSZEIT: 1 1/2 STD.
PLUS 2 TAGE KEIMZEIT

KICHERERBSEN in Wasser einweichen und über Nacht stehen lassen. Abgießen, abdecken und alle 6–8 Std. mit lauwarmem Wasser abbrausen, bis die Kichererbsen keimen (das dauert etwa 2 Tage).

MÖHREN, Tomaten, Petersilie und Schnittlauch waschen, putzen und kleinschneiden. Von Zitrone und Orange die Schale abreiben oder mit einem Zestenreißer abziehen. Die Zitrone auspressen. Zwiebeln schälen und hacken. Frühlingszwiebeln putzen, waschen und ebenfalls hacken.

ZWEI Töpfe mit je 1 l Wasser (W) füllen, in einen die Kichererbsen (W) einlegen. In beide Töpfe Zitronensaft (H) und Paprikapulver (F) geben und das Wasser köcheln lassen. Die Nudeln (E) in den zweiten Topf geben, Möhren (E), Zwiebeln (M) und Frühlingszwiebeln (M) hinzufügen und nach Packungsanweisung garen. Kichererbsen ca. 10 Min. köcheln lassen. Das Wasser abschütten und die Nudeln mit Pfeffer (M) und Schnittlauch (M) bestreuen.

KICHERERBSEN abgießen und zu den Nudeln geben. Salzen (W), mit Zitronenschale (H), saurer Sahne (H), Petersilie (H), Tomaten (H), geriebener Muskatnuß (F), Paprikapulver (F) und der Orangenschale (E) bestreuen, alles gut mischen und servieren.

# Matjes in der Kartoffelkruste

**Für 4 Personen**

*2 Zwiebeln*
*2 Knoblauchzehen*
*1 Bund Petersilie*
*1 unbehandelte Zitrone*
*2 Gärtnergurken*
*4 große festkochende Kartoffeln*
*500 g kleine festkochende Kartoffeln*
*1 Lorbeerblatt*
*Meersalz*
*etwas Paprikapulver*
*schwarzer Pfeffer aus der Mühle*
*4 doppelte Matjesfilets*
*5 EL Süßrahmbutter*
*4 EL Crème fraîche*
*8 Korianderkörner*

ZUBEREITUNGSZEIT: 1 STD.

*unterstützt Ihr Wasserelement*

ZWIEBELN und Knoblauch schälen und würfeln. Petersilie waschen, trockenschütteln und klein hacken. Zitrone waschen, Schale abreiben und den Saft auspressen. Die Gurken schälen und in kleine Würfel schneiden. Die Kartoffeln waschen und schälen.

TOPF mit den kleinen Kartoffeln (E) füllen, Knoblauch (M) und Lorbeerblatt (M) einlegen, mit Wasser (W), Salz (W) etwas Zitronensaft (H) und Paprikapulver (F) 20 Min. kochen. Abgießen und im Ofen bei 70° warm stellen. Die großen Kartoffeln (E) mit der Reibe in Streifen hobeln, ausdrücken und in eine Schüssel geben, pfeffern (M) und salzen (W).

MATJES (W) in Stücke schneiden und zu den gehobelten Kartoffeln geben. Zitronenschale (H), Paprikapulver (F) und 1 EL Butter (E) darübergeben und vermischen. Eine schwere Gußpfanne erwärmen und 3 EL Butter (E) darin schmelzen. Kartoffelstreifen (E) mit den Heringen darin wie ein großes Rösti von beiden Seiten ausbacken. Mit Pfeffer (M) bestreuen und im Ofen warm stellen.

ZWIEBELN (M) im Bratsatz dünsten. Mit etwas Wasser (W) und Zitronensaft (H) ablöschen. Gurken (H), Crème fraîche (H), Koriander (F), Petersilie (E), restliche Butter (E) und Pfeffer (M) hinzufügen und alles zu einer sämigen Sauce einköcheln. Mit Rösti und Salzkartoffeln zusammen servieren. Mit Meersalz (W) abschmecken.

# Seezungen-Sushi

*befeuchtet das Wasser- und Metallelement*

**Für 4 Personen**

1 Bund Rucola
1 Salatgurke
1 Möhre
1 Bund Frühlingszwiebeln
1 Stück Zitronenschale
3 Fenchelsamen
200 g Sushi-Reis oder Klebreis
weißer Pfeffer aus der Mühle
1 EL Süßrahmbutter
500 g Seezunge (vom Fischhändler filetiert; Gräten mitgeben lassen)
1 EL feinstes Mehl
Meersalz
8 Sushi-nori (Algenblätter; aus dem Asienladen)
8 EL Sesamsamen, geschält
3 EL Weinessig
Wasabi-Paste (aus dem Asienladen; ersatzweise Meerrettich)
Sojasauce

ZUBEREITUNGSZEIT: 1 1/4 STD.

RUCOLA putzen und waschen. Die unteren Drittel abschneiden. Gurke und Möhre schälen. Gurke achteln, ohne Kerne in Würfel schneiden. Möhre längs in Streifen schneiden. Frühlingszwiebeln putzen und waschen, obere Drittel abschneiden. Einen Sud aus Gemüseabschnitten, Fischgräten, 400 ml Wasser und Zitronenschale kochen und auf 200 ml einkochen lassen.

TOPF erwärmen (F), den Fenchelsamen (E) und Reis (E) 3 Min. rösten. Pfeffern (M) und mit dem Sud (W) auffüllen. Deckel auflegen und den Reis in 12 Min. garen. Herd abschalten und Reis 10 Min. nachquellen lassen.

PFANNE erwärmen (F), Butter (E) und Pfeffer (M) hineingeben. Die Fischfilets vierteln. Mehl (E) in einem Teller pfeffern (M), Fisch im Mehl wenden, abklopfen, in der Pfanne 10 Min. braten und salzen (W).

JEWEILS 1 Algenblatt (W) auf einem Tuch auslegen, das vordere Drittel frei lassen und den Reis auftragen. Auf das mittlere Drittel Sesam (W) streuen und 2 Stückchen abgekühlte Seezunge (W) darauf legen. Gurke (H), Weinessig (H), 4 Blättchen Rucola (F), Möhre (E) und Frühlingszwiebeln (M) auf dem Sesam verteilen. Die freie Reisfläche mit wenig Wasabi (M) bestreichen. Das Algenblatt mit Hilfe des Tuches zusammenrollen. Mit einem scharfen Messer die Rollen in mundgerechte Stücke teilen. Mit Sojasauce (W) servieren.

# Seeteufel mit Wildreis

*spendet Feuchtigkeit*

**Für 4 Personen**

1 kg Seeteufelfilets (ersatzweise Kabeljaufilets)
200 g Wildreis
200 g Langkornreis
2 Zwiebeln
3 Knoblauchzehen
1 kleine Stange Lauch
1 Möhre
4 Tomaten
1 Bund Rucola
2 EL Süßrahmbutter
3 Sternanis
schwarzer Pfeffer aus der Mühle
500 ml Fischfond
4 EL Crème fraîche
etwas Paprikapulver
Meersalz

ZUBEREITUNGSZEIT: 50 MIN.

FISCHFILETS von der grauen Haut befreien. Beide Reissorten verlesen. Die Zwiebeln und den Knoblauch schälen und würfeln. Den Lauch putzen, halbieren, waschen und schräg in Halbringe schneiden. Die Möhre schälen, längs hobeln und quer in Streifen schneiden. Die Tomaten waschen und in Stücke schneiden, dabei Stielansätze und eventuell Häute entfernen. Den Rucola putzen, waschen und kleinschneiden.

PFANNE bei mittlerer Hitze auf den Herd stellen (F), 1 1/2 EL Butter (E), Sternanis (M), Knoblauch (M) und den Seeteufel (W) hineingeben und den Fisch auf allen Seiten jeweils 5 Min. anbraten. Im Ofen bei 70° warm halten.

TOPF auf den Herd stellen (F) und die Möhre (E) hineingeben. Langkornreis (M), Zwiebeln (M), Pfeffer (M), Lauch (M) und den Wildreis (W) dazugeben und 10 Min. unter Wenden rösten. Mit Fischfond (W) und etwas Wasser (W) auffüllen. Crème fraîche (H), Tomaten (H), Rucola (F) und Paprikapulver (F) dazugeben und zugedeckt 20 Min. garen.

REIS auf abgeschalteter Herdplatte noch 10 Min. nachquellen lassen. Die restliche Butter (E), Pfeffer (M) und Meersalz (W) darübergeben und mischen. Den Seeteufel salzen (W), schräg aufschneiden und mit dem Reis servieren.

# Gefüllte Sepien

**Für 4 Personen**

*400 g Welsfilet*
*4 frische küchenfertige Tintenfische (Sepien)*
*4 Knoblauchzehen*
*2 Schalotten*
*1 unbehandelte Zitrone*
*1 Mangoldstaude*
*200 g Sahne*
*weißer Pfeffer aus der Mühle*
*Meersalz*
*Paprikapulver*
*2 EL kleine Kapern*
*100 g entsteinte grüne Oliven*
*2 EL Süßrahmbutter*
*500 ml Fischfond*
*4 EL Crème fraîche*
*Außerdem:*
*8 in Öl eingelegte Zahnstocher*
*Küchengarn*

**ZUBEREITUNGSZEIT: 1 STD.**

*füllt verbrauchte Säfte wieder auf*

**FISCHFILETS** in Stücke teilen und kalt stellen. Sepien waschen und trockentupfen. Knoblauch und Schalotten schälen und würfeln. Die Zitrone waschen, die Schale abreiben und die Frucht auspressen. Mangold putzen, waschen und in Rauten schneiden.

**FARCE** aus 150 g Sahne (E), Knoblauch (M), Pfeffer (M) und dem Wels (W) im Mixer pürieren und salzen (W). Die Farce in die Sepiatuben (W) füllen und diese mit Zahnstochern und Garn verschließen.

**MANGOLD** (H) und Zitronenschale (H) in einen großen Bräter geben, mit Paprikapulver (F) bestreuen und auf den Herd stellen (F). Kapern (F), Oliven (F) und Butter (E) dazugeben und alles kräftig anschmoren. Pfeffern (M) und mit Schalotten (M) bestreuen, diese etwas mitgaren lassen. Den Mangold herausnehmen und im Ofen bei 70° warm stellen.

**SEPIEN** (W) in die Pfanne legen und auf jeder Seite 6 Min. braten. Mit Fischfond (W) und 2 EL Zitronensaft (H) begießen, die Crème fraîche (H) einrühren und mit Paprikapulver (F) bestäuben. Zugedeckt 10 Min. dünsten, herausnehmen und warm stellen.

**SUD** einkochen lassen. Die restliche Sahne (E) eingießen und pfeffern (M). Den Herd abschalten, das Gemüse und den Fisch in den Sud legen und zugedeckt 5 Min. ziehen lassen. Salzen (W).

# Steinbutt mit Fenchelgratin

*gibt den Nieren Kraft*

**Für 4 Personen**

*4 Fenchelknollen*

*4 Möhren*

*1 Bund Petersilie*

*1 unbehandelte Zitrone*

*2 Zwiebeln*

*4 Wacholderbeeren*

*1 Lorbeerblatt*

*Pfeffer aus der Mühle*

*500 ml Fischfond*

*etwas Paprikapulver*

*3 EL Süßrahmbutter*

*4 EL Crème fraîche*

*4 EL Sahne*

*800 g Steinbuttfilets mit Haut (ersatzweise Atlantikschollenfilets mit Haut)*

*Meersalz*

**Zubereitungszeit: 1 Std. plus 15 Min. Backzeit**

**Fenchel** und Möhren putzen, waschen und in Scheiben schneiden. Petersilie waschen, trockenschütteln und hacken. Zitrone waschen, schälen und auspressen. Zwiebeln schälen und würfeln. 2 Wacholderbeeren (F), Fenchel (E) und Möhren (E) in eine Form geben, Lorbeerblatt (M), Pfeffer (M) und 500 ml Wasser sowie Fischfond (W) dazugeben. Die halbe Zitronenschale (H) und Paprikapulver (F) hinzufügen und 8 Min. zugedeckt kochen lassen. Gemüse in eine feuerfeste Form geben. Den Sud auf 100 ml einkochen lassen. Den Ofen auf 160° (Umluft 140°) vorheizen.

**Gemüse** mit 1 EL Butter (E) bestreichen, pfeffern (M) und den Sud (W) dazugießen, restliche Zitronenschale (H) und Petersilie (H), Crème fraîche (H), Paprika (F) und 2 EL Sahne (E) darübergeben und 15 Min. überbacken.

**Restliche** Butter (E) schmelzen. Die Zwiebeln (M) in einem äußeren Ring in 2 Pfannen verteilen, pfeffern (M) und die Fischfilets (W) mit der Hautseite nach unten hineinlegen. Wenn nur noch oben ein glasiger Strich zu sehen ist, den Fisch in eine vorgewärmte Schüssel legen (Haut nach unten), salzen (W) und zudecken.

**Fischsud** (W), etwas Zitronensaft (H), restliche Wacholderbeeren (F), Paprikapulver (F) und übrige Sahne (E) hinzufügen, mit Pfeffer (M) abschmecken und einkochen. Salzen (W) und zum Fisch gießen. Die Haut vom Butt abziehen und wegwerfen.

# Hirschrücken mit Rotweinschalotten

*gibt Kraft an kalten Tagen*

**Für 4 Personen**

*200 g kleine Schalotten*
*1 unbehandelte Orange*
*4 festfleischige Birnen*
*4 Möhren*
*4 Petersilienwurzeln*
*500 ml kräftiger Rotwein*
*60 g Rohrzucker*
*1 Zimtstange*
*schwarzer Pfeffer aus der Mühle*
*2 EL Süßrahmbutter*
*2 Sternanis*
*1 Lorbeerblatt*
*800 g Hirschrücken (ohne Sehnen und Fett)*
*250 ml Wildfond*
*4 Wacholderbeeren*
*Meersalz*

ZUBEREITUNGSZEIT: 1 1/2 STD.

SCHALOTTEN schälen. Orange waschen und die Schale abreiben oder mit dem Zestenreißer abziehen, den Saft auspressen. Die Birnen (den Stiel dranlassen!), die Möhren und die Petersilienwurzeln schälen und jeweils halbieren. Birnen entkernen.

ROTWEIN (F) in einen großen Topf (mit Deckel) gießen und auf den Herd stellen (F). Rohrzucker (E), Birnen (E), Orangenschale (E), Schalotten (M) und Zimtstange (M) hineingeben, pfeffern (M) und einkochen lassen. Nach 12–15 Min. die Birnen herausnehmen und im Ofen bei 70° warm stellen. Die Sauce noch etwas einkochen lassen und die Zimtstange entfernen.

PFANNE bei mittlerer Hitze auf den Herd stellen (F) und die Süßrahmbutter (E) hineingeben. Möhren (E) und Petersilienwurzeln (E), Sternanis (M), Pfeffer (M) und Lorbeerblatt (M) dazugeben. Den Hirschrücken (M/W) hineinlegen und auf beiden Seiten jeweils 10–12 Min. braten, herausnehmen und im Ofen warm stellen. Den Bratensatz mit Wildfond (W) und Orangensaft (H) ablöschen. Wacholderbeeren (F) dazugeben und die Sauce einköcheln lassen.

BIRNEN auf Tellern verteilen, Gemüse und Schalotten daneben anrichten und pfeffern (M). Den Hirschrücken tranchieren, auf die Teller geben und mit Meersalz (W) würzen.

# Sachregister

| | |
|---|---|
| Akupunktur | 12, 43 |
| Anbau, ökologischer | 14, 54 |
| Arbeitshöhe | 24 |
| Ausgewogenheit | 40 |
| Ausziehtische | 27 |
| | |
| Bagua | |
|    der Familie | 34 |
|    der hilfreichen Freunde | 35 |
|    der Karriere | 33 |
|    der Kinder | 36 |
|    der Partnerschaft | 33f. |
|    des Reichtums | 34f. |
|    des Ruhms | 37 |
|    des Wissens | 36 |
|    des Zentrums | 35 |
| Balance, energetische | 53 |
| Bewegungsraum | 25 |
| Bewegungsübungen | 43 |
| Blockaden | 12, 13, 40 |
| Bodenbelag | 19 |
| | |
| Charisma | 37 |
| China | 13, 40, 43, 50 |
| | |
| Diätärzte | 43 |
| DNS-Spiralen | 29 |
| Dunstabzüge | 14, 24f., 28 |
| | |
| Einsamkeit | 34 |
| Elektrogeräte | 25 |
| Elektrostreß | 17 |
| »Energieknick« | 54 |
| Energiemangel | 41, 53, 56 |
| Energiestruktur | 33 |
| »Energietankstelle« | 35 |
| Energieüberschuß | 41 |
| Entspannung | 55 |
| Essensfixierung | 18 |
| Eßplatz | 8, 13, 17, 18, 23, 26ff., 33, 50 |
| Eßtisch | 26f. |

| | |
|---|---|
| Familienleben | 8, 9, 27, 29, 34, 56 |
| Farben | 21f., 48, 50f. |
| Fehlernährung | 53 |
| Feng | 14 |
| Feng-Shui-Hilfsmittel | 13, 28f. |
|    Küche | 19 |
|    Mängel | 11 |
|    Maßnahmen | 12, 18, 32 |
| Fenster | 14, 28 |
| Fett | 54, 57 |
| Feuer-Wasser-Konflikt | 25 |
| Formen | 48, 50f. |
| Fütterungszyklus | 48 |
| | |
| Gemüseschneiden | 57 |
| Gesamtenergiegefüge | 11 |
| Geschmack | 48 |
| Gewichtsprobleme | 18 |
| Glasgefäße | 15 |
| Gleichgewicht | 41f. |
| | |
| Harmonie | 12, 27, 50, 52 |
| Heißhunger | 53 |
| Herd | 16f., 20, 25, 28, 57 |
| Himmelsrichtung | 48 |
| | |
| Individualität | 56 |
| Information, energetische | 31 |
| | |
| Jahreszeiten | 48 |
| | |
| Kauen | 17 |
| Keramik | 15, 34, 35, 36 |
| Kinder | 51 |
| Kinder, geistige | 36 |
| Kochplatten | 20 |
| Kommunikation | 11 |
| Kontrollzyklus | 48 |
| Kraftmenschen | 44 |
| Krankheiten | 42f., 53, 56 |

| | |
|---|---|
| Krisensituationen | 56 |
| Küchenmaschinen | 17 |
| Kulturkreis, westlicher | 13, 51 |
| | |
| Lampen | 19, 35 |
| Lebensfreude | 9, 40, 53, 56 |
| Lebensmittel | 12, 44ff., 53 |
| Lichtenergie | 40 |
| Lichttherapie | 43 |
| Luft | 14 |
| Luftzirkulation | 14 |
| | |
| Massagen | 43 |
| »Meridiane« | 12 |
| Messer | 51, 57 |
| Mixer | 17 |
| Möbel | 24, 26 |
| Möbelkanten | 24 |
| Moxabehandlung | 43 |
| | |
| Nährwerte | 54 |
| | |
| Ordnung | 20 |
| Organe | 48 |
| | |
| Partnerprobleme | 12 |
| Phytotherapie | 43 |
| Plastikflaschen | 15 |
| »Powerspot« | 25 |
| Regenbogenkristall | 18, 25, 28 |
| Reichtum, innerer | 34 |
| Rosenelixier | 29 |
| Rosenwasser-Spray | 29 |
| Rundum-Wohlgefühl | 55 |
| | |
| Salz | 57 |
| Schwingungsübertragung | 31 |
| Shui | 14, 20 |
| Singles | 12 |
| Spiegel | 25, 28 |

| | |
|---|---|
| Stagnation | 18 |
| Stoffwechsel | 14 |
| Störungen | 11, 20 |
| »Streittische« | 27 |
| Streß | 8, 16, 17, 18, 53, 55 |
| | |
| Tageslicht | 19 |
| Tai Chi | 35 |
| Tao | 51 |
| Tausend-Meilen-Reise | 53, 55 |
| Thermik | 46 |
| Tiefkühlkost | 54, 55 |
| »Tigerpranke« | 57 |
| Traditionelle Chinesische Medizin | 42f., 46, 50, 53 |
| Trinkwasser | 14f. |
| | |
| Umweltgifte | 55 |
| Umweltschäden | 53 |
| »Verdauungshitze« | 54 |
| Vitalität | 53 |
| Vorfreude | 51, 52 |
| | |
| Wandlungsprozeß | 9 |
| Wärmequellen | 16 |
| Wechselspiel, polares | 44 |
| Windspiele | 18 |
| Wissen, inneres | 36 |
| »Wohnküche« | 26 |
| Wohnqualität | 10 |
| Wohnumfeld | 8, 10, 14 |
| Wohnungsplanung | 18, 25 |
| | |
| Yangisieren | 46 |
| Yang-Nahrung | 45 |
| Yin und Yang | 21, 23, 41ff., 56 |
| Yinisieren | 47 |
| Yin-Nahrung | 44 |
| | |
| Zeitplan | 52 |
| Zielzustand | 52 |
| Zimmerpflanzen | 14, 17, 22, 28, 29, 33, 34 |

# Rezeptregister

**Adzukibohnensalat mit**
  Lachs 147
**Äpfel**
  Gerösteter Hafer mit
    Basilikum 98
  Zuckerschotensalat 108
**Aprikosen**
  Geröstetes Flockenmüsli 86
**Artischocken**
  Artischocken auf Nudeln 88
  Artischocken mit Blau-
    schimmeldip 142
**Avocados**
  Endiviensalat mit Möhren 90
  Überbackene Kartoffeln
    mit Avocados 111

**Birnen**
  Endiviensalat mit Möhren 90
  Hirschrücken mit Rot-
    weinschalotten 163
  Zuckerschotensalat 108
**Bohnen**
  Adzukibohnen mit Lachs 147
  Feldsalat mit Granatapfel-
    kernen 87
  Grüne Bohnen mit Kirsch-
    tomaten 75
  Sojabohnen mit Paprika 154
**Brennesselsuppe** 67

Champignongratin 114

**Datteln**
  Gefüllte Datteln 123

**Endiviensalat mit Möhren** 90
**Entenbrust in Johannisbeer-**
  sauce 79
**Entenlebern mit Rhabarber** 96
**Erdbeeren**
  Himbeeren auf Crème
    fraîche 80
**Erfrischender Blattsalat** 70

**Feigen**
  Entenlebern mit
    Rhabarber 96
  Feigen in Kaffeesabayon 122
  Feldsalat mit Granatapfel-
    kernen 87
**Fenchel**
  Steinbutt mit
    Fenchelgratin 162
**Fisch**
  Adzukibohnen mit Lachs 147
  Gefüllte Sepien 160
  Gefüllte Tomaten 68
  Kefirterrine mit Pampel-
    musen 82
  Matjes in der
    Kartoffelkruste 156
  Oktopussalat mit
    Zucchini und Möhren 146
  Schollenomelett mit
    Krebsen 152
  Seeteufel mit Wildreis 159
  Seezungen-Sushi 158
  Steinbutt mit
    Fenchelgratin 162
**Fritierte Gemüsezwiebeln** 142

**Garnelen**
  Garnelenspieße 72
  Nasi-Goreng 132
  Garnelenspieße 72
  Gebratene Austernpilze 110

**Geflügel**
  Entenbrust in
    Johannisbeersauce 79
  Entenlebern mit
    Rhabarber 96
  Gefüllte Perlhuhnbrust 139
  Hühnerherzenspieße 103
  Knusprig gebratene
    Hähnchenflügel 140
  Wachteln mit
    Kürbiskernbällchen 138
  Wildente in Senf-
    Sternanis-Sauce 136
  Gefüllte Datteln 123
  Gefüllte Kohlrabi 130
  Gefüllte Perlhuhnbrust 139
  Gefüllte rote Bete 99
  Gefüllte Sepien 160
  Gefüllte Tomaten 68
  Gemüse-Sushi 116
  Gerösteter Hafer mit
    Basilikum 98
  Geröstetes Flockenmüsli 86
  Geschmorter Spargel 94
  Graupensüppchen mit
    Gemüse 106
  Grüne Bohnen mit
    Kirschtomaten 75
  Grünkernspeise mit
    Petersilie 71

Heiße Mirabellen mit
  Nougatparfait 120
Heiße Weintrauben 83
**Himbeeren**
  Himbeeren auf Crème
    fraîche 80
**Hirsch**
  Hirschrücken mit
    Rotweinschalotten 163
  Hühnerherzenspieße 103

**Kaninchen**
  Kaninchenlebern mit
    geschmortem Salat 78
  Karamelisierte Rübchen 128
**Kartoffeln**
  Brennesselsuppe 67
  Champignongratin 114
  Entenbrust in
    Johannisbeersauce 79
  Kartoffelpüree mit
    Trüffelöl 118
  Maronenpüree mit
    Spitzkohl 148
  Matjes in der
    Kartoffelkruste 156
  Pastinakengratin 102
  Schwarzwurzelsalat mit
    braunen Champignons 107
  Sellerie auf Tomaten 74
  Selleriepüree 134
  Topinamburgemüse 95
  Überbackene Kartoffeln
    mit Avocados 111
  Kartoffelpüree mit
    Trüffelöl 118
**Kaschasuppe mit Rosmarin** 86
**Käse**
  Artischocken mit
    Blauschimmeldip 142
  Champignongratin 114
  Endiviensalat mit
    Avocados 90
  Gefüllte Perlhuhnbrust 139
  Sellerie auf Tomaten 74
  Überbackene Kartoffeln
    mit Avocados 111
  Kefirterrine mit
    Pampelmusen 82
  Knusprig gebratene
    Hähnchenflügel 140
**Kohlrabi**
  Gefüllte Kohlrabi 130
**Krebse**
  Schollenomelett mit
    Krebsen 152

**Lamm**
   Marinierte
      Lammkoteletts   100
**Lauch**
   Brennesselsuppe   67
   Gemüse-Sushi   116
   Graupensüppchen
      mit Gemüse   106
   Lauchgemüse mit
      Erdnüssen   135
   Muschelsuppe mit
      Gerstenkeimlingen   151
   Risotto mit Dill   115
   Seeteufel mit Wildreis   159
   Spaghetti mit
      Zuckerschoten   119
   Lauchgemüse mit
      Erdnüssen   135
   Löwenzahnsalat mit
      Croûtons   91

**Mangold**
   Gefüllte Sepien   160
**Mangos**
   Mangocreme   122
   Marinierte
      Lammkoteletts   100
   Marinierte
      Rettichscheiben   131
   Maronenpüree
      mit Spitzkohl   148
   Matjes in der
      Kartoffelkruste   156
**Mirabellen**
   Heiße Mirabellen mit
      Nougatparfait   120
   Misosuppe   150
**Muscheln**
   Muschelsuppe mit
      Gerstenkeimlingen   151

Nasi-Goreng   132
**Nudeln**
   Artischocken auf Nudeln   88
   Nudeln mit Kichererbsen   155

Oktopussalat mit Zucchini
   und Möhren   146

Panierter Sellerie   92
**Paprikaschoten**
   Gerösteter Hafer mit
      Basilikum   98
   Kefirterrine mit
      Pampelmusen   82
   Sojabohnen mit Paprika   154
   Pastinakengratin   102
   Pfefferminzsalat mit
      Weizengrieß   127
   Pfefferminzsauce   126
**Pilze**
   Champignongratin   114
   Garnelenspieße   72
   Gebratene Austernpilze   110
   Schwarzwurzelsalat mit
      braunen Champignons   107

Quinoa mit Champagner   114

**Reis**
   Garnelenspieße   72
   Gebratene Austernpilze   110
   Gefüllte rote Bete   99
   Gemüse-Sushi   116
   Hühnerherzenspieße   103
   Kaninchenlebern mit
      geschmortem Salat   78
   Lauchgemüse mit
      Erdnüssen   135
   Nasi-Goreng   132
   Risotto mit Dill   115
   Seeteufel mit Wildreis   159
   Seezungen-Sushi   158

   Sonntags-Duftreis   143
   Risotto mit Dill   115
   Rosenkohl mit Mandeln   102

   Sauerampfersuppe   66
   Sauerkirschkompott
      mit Sahne   83
   Schollenomelett
      mit Krebsen   152
   Schwarzwurzelsalat mit
      braunen Champignons   107
   Seeteufel mit Wildreis   159
   Seezungen-Sushi   158
**Sellerie**
   Graupensüppchen mit
      Gemüse   106
   Muschelsuppe mit
      Gerstenkeimlingen   151
   Nasi-Goreng   132
   Panierter Sellerie   92
   Selleriepüree   134
   Sellerie auf Tomaten   74
   Selleriepüree   134
   Sojabohnen mit Paprika   154
   Sonntags-Duftreis   143
   Spaghetti mit
      Zuckerschoten   119
**Spargel**
   Geschmorter Spargel   94
**Spinat**
   Gefüllte Tomaten   68
   Steinbutt mit Fenchelgratin   162
   Süßgekochtes Wasser   126

**Tomaten**
   Garnelenspieße   72
   Gefüllte Tomaten   68
   Geschmorter Spargel   94
   Grüne Bohnen mit
      Kirschtomaten   75
   Hühnerherzenspieße   103
   Nudeln mit Kichererbsen   155
   Oktopussalat mit
      Zucchini und Möhren   146

   Pfefferminzsalat mit
      Weizengrieß   127
   Schollenomelett mit
      Krebsen   152
   Seeteufel mit Wildreis   159
   Sellerie auf Tomaten   74
   Tomaten in
      Walnußvinaigrette   76
   Topinamburgemüse   95

Überbackene Kartoffeln
   mit Avocados   111

Wachteln mit
   Kürbiskernbällchen   138
Wildente in Senf-
   Sternanis-Sauce   136

**Zucchini**
   Artischocken auf Nudeln   88
   Gefüllte rote Bete   99
   Gefüllte Tomaten   68
   Grüne Bohnen mit
      Kirschtomaten   75
   Oktopussalat mit
      Zucchini und Möhren   146
   Risotto mit Dill   115
   Schollenomelett mit
      Krebsen   152
   Sonntags-Duftreis   143
   Spaghetti mit
      Zuckerschoten   119
   Zucchinichips mit
      Mayonnaise   112
   Zuckerschotensalat   108
   Zucchinichips mit
      Mayonnaise   112
**Zuckerschoten**
   Spaghetti mit
      Zuckerschoten   119
   Wildente in Senf-
      Sternanis-Sauce   136
   Zuckerschotensalat   108

# CHINESISCHE WEISHEITSLEHREN
*für mehr Gesundheit & Glück*

ISBN 3-7742-2955-4
*160 Seiten*
DM 29,80 · ÖS 218,00 · SFR 27,50

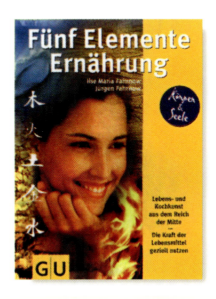

ISBN 3-7742-4346-8
*160 Seiten*
DM 29,80 · ÖS 218,00 · SFR 27,50

WEITERE LIEFERBARE TITEL:

- ➤ Feng Shui in der Küche
- ➤ Feng Shui, Harmonie in Partnerschaft und Liebe
- ➤ Feng Shui, Garten für die Sinne
- ➤ Feng Shui, Leben und Wohnen in Harmonie
- ➤ Feng Shui für Kinder
- ➤ Feng Shui, Harmonisches Wohnen mit Pflanzen

Gutgemacht. Gutgelaunt.

# Impressum

© 2000 Gräfe und Unzer Verlag GmbH München

Alle Rechte vorbehalten. Nachdruck, auch auszugsweise, sowie Verbreitung durch Film, Funk und Fernsehen, durch fotomechanische Wiedergabe, Tonträger und Datenverarbeitungssysteme jeder Art nur mit schriftlicher Genehmigung des Verlages.

**ABKÜRZUNGEN:**
TL = Teelöffel (gestrichen)
EL = Eßlöffel (gestrichen)
Msp. = Messerspitze
ml = Milliliter
(H) = Holz
(F) = Feuer
(E) = Erde
(M) = Metall
(W) = Wasser

Die Temperaturen bei Gasherden variieren von Hersteller zu Hersteller. Welche Stufe Ihres Herdes der jeweils angegebenen Temperatur entspricht, entnehmen Sie bitte der Gebrauchsanweisung.

**VERSANDADRESSEN FÜR FENG SHUI ARTIKEL:**
(Deutschland)
Willy Penzel Handels-GmbH
Willy-Penzel-Platz 2
D-37619 Heyen
Fax: 0 55 33/97 37 67

(Österreich und andere Länder)
Feng Shui Academy
Günther Sator
Atterseestrasse 4
A-5310 Mondsee
Fax: 0 62 32/4 81 36
Internet: http://www.fengshui.co.at
E-Mail: fengshui@eunet.at

**REDAKTION:** Ina Schröter
**LEKTORAT:** Linde Wiesner
**LAYOUT UND GESTALTUNG:**
Claudia Fillmann, independent, Medien-Design
**BILDNACHWEIS:**
FoodPhotography Eising
**WEITERE FOTOS:**
FLORA PRESS: S. 10
Giemmegi cucine: S. 22
Hamlyn: S. 21 (Peter Myers)
Jahreis: S. 25, S. 29
Jahreszeiten Verlag: S. 14, S. 26
SCAN: S. 16
StockFood Eising: S. 15, S. 31, S. 38, S. 46, S. 49, S. 52
Studio R. Schmitz: S. 18, S. 28
tielsa – Die exclusive Küche: S. 19, S. 24, S. 33
Tony Stone: S. 9 (Gay Bumgarner), S. 11 (David Roth), S. 20 (Simon Rattensby), S. 30 (Roy Botterell), S. 37 (Walter Hodges), S. 43 (Bruce Hands), S. 51 (Ian O'Leary), S. 55 (Ken Scott)
**ZEICHNUNGEN:**
Heidemarie Vignati: S. 23, S. 41, S. 42, S. 48
Martin Scharf: S. 13
**PROBEKÜCHE:**
Daniela Bauer, Claudia Bruckmann, Marianne Obermayer, Sabine Träxler, Stefanie von Werz
**HERSTELLUNG:**
Markus Plötz
**SATZ:** Johannes Kojer
**REPRO:**
Fotolito Longo, Bozen
**DRUCK UND BINDUNG:**
Appl, Wemding

ISBN 3-7742-1700-9

**AUFLAGE:** 4. 3. 2. 1.
**JAHR:** 03 02 01 2000

**Günther Sator** ist der erste europäische Experte, der Feng Shui an unsere westliche Kultur anpaßte. Heute ist er der führende Berater für Banken, Gewerbebetriebe und Privatkunden. Er ist Begründer der Feng Shui Academy und Autor mehrerer Feng-Shui Bestseller.

**Dr. med. Dipl. Psych. Ilse-Maria Fahrnow,** Ärztin und Dozentin für TCM, Homöopathie und Naturheilverfahren.

**Jürgen Fahrnow,** TCM-Diätetik-Berater, Koch, Restaurantmeister und Sommelier.
Beide praktizieren in München und halten Seminare im In- und Ausland.

**Susie M. und Pete Eising** haben Studios in München und Kennebunkport, Maine (U.S.A.)

**FÜR DIESES BUCH FOTOGRAFIERTE:**
Martina Görlach

**FOTOSTYLING:**
Monika Schuster

**TITELFOTO:** Seeteufel mit Wildreis (siehe Seite 159)

### Das Original mit Garantie

**Ihre Meinung ist uns wichtig.** Deshalb möchten wir Ihre Kritik, gerne aber auch Ihr Lob erfahren. Um als führender Ratgeberverlag für Sie noch besser zu werden. Darum: Schreiben Sie uns! Wir freuen uns auf Ihre Post und wünschen Ihnen viel Spaß mit Ihrem GU-Ratgeber.

**Unsere Garantie:** Sollte ein GU-Ratgeber einmal einen Fehler enthalten, schicken Sie uns das Buch mit einem kleinen Hinweis und der Quittung innerhalb von sechs Monaten nach dem Kauf zurück. Wir tauschen Ihnen den GU-Ratgeber gegen einen anderen zum gleichen oder ähnlichen Thema um.

Ihr Gräfe und Unzer Verlag
Redaktion Kochen
Postfach 86 03 25
81630 München
Fax: 089/41981-113
e-mail: leserservice@graefe-und-unzer.de